I0081888

Y

Yf

1529

Aut extrema, aut nulla fratrum vindicta

LE THYESTE DE MONSIEVR DE MONLEON

A PARIS Chez PIERRE GVILLEMOT au Palais a la gallerie des prisonniers. Auec priuilege du Roy

A TRES-HAVT
ET TRESPVISSANT PRINCE
MONSEIGNEVR
LOVIS DE VALOIS
COMTE D'ALLEZ,
Cheualier des Ordres du Roy, Co-
lonel General de la Cauallerie legere
de France, Gouuerneur & Lieutenant
General pour sa Majesté de ses Pays
& Armées de Prouence.

MONSEIGNEVR

Apres l'estime que vous auez faite de

cet ouurage, ie me perſuade que ie puis
ſans crainte l'expoſer aux yeux du pu-
blic, & que vous ne treuuerez pas eſtrange la hardieſſe que ie prens de vous le de-
dier. Comme i'oze eſperer que vous dai-
gnerez le receuoir, i'ay la vanité de croire que chacun l'eſtimera, & l'approba-
tion que vous luy auez donnee me fait
attendre celle de tout le monde.

Ceux qui par de fauorables violences
l'ont arraché de mon cabinet pour en
mieux voir la conduite par ſa repreſenta-
tion, bien qu'ils m'ayent expoſé parmy
les orages furieux de l'enuie & de l'igno-
rance, ſçachant dans quel port ie ſuis en
ſeureté, & ce que i'ay gaigné aupres de
vous, ſeront rauis de m'auoir fait hazar-
der ſi peu, pour acquerir de ſi grands
treſors. Et certes en quelque degré émi-
nent que la nature ayt eſleués les Princes, & quelques grands qu'ils ſe ſoient

EPISTRE.

faits par eux-mesmes, comme il est asseuré que les affections des Rois, bien qu'elles n'augmentent ny leur vertu ny leur
merite, adioustent de grands ornemens à
leur gloire, & la font esclater auec beaucoup plus d'aduantage. Il est aussi tres-
veritable, que quelques excellens que
soient les ouurages du reste des hommes, que l'estime de ces Princes fait leur
plus bel esclat, & leur support, vn puis-
fant bouclier pour les mettre à couuert
des trais de la médisance, & de la jalousie:
Et quiconque se peut vanter comme
moy de posseder ces faueurs, comme il
n'a rien plus à craindre, il n'a rien plus à
souhaiter.

Ce n'est pas (MONSEIGNEVR)
que i'eusse eu la temerité de croire que ce
bien me pût arriuer, ou que mon imagi-
nation se fust iamais flatee d'vne preten-
tion si haute, si vostre propre bouche ne

ã ij

EPISTIRE.

m'euft affeuré que quelques petits &
inutiles que foient mes deuoirs & mes
feruices, ils vous feroient toutesfois agreables, & quo ie ne vous offencerois point
en vous offrant vne chofe que vous auez
eftimée digne du iour: I'ay obey à cette
voix, & ie vous l'offre auec ma vie; c'eft
peu pour vn Prince : mais c'eft tout ce
que vous peut offrir,

MONSEIGNEVR,

Voftre tres-humble & tres-
obeiffant feruiteur,
DE MONLEON.

Ie t'auois donné cette Tragedie de la façon
que *Carcinome*, ou *Seneque* l'ont traittée,
peut-estre (Lecteur) y aurois-tu trouué plus
d'agreemens, & peut-estre aussi l'aurois-tu
estimee trop nuë pour le Theatre d'auiourd'huy. Les
Grecs & les Latins ont fait à la Grecque, & à la Rô-
maine, ce que ie fais à la Françoise, & comme les esprits de
ce temps embrassent dauantage, il a fallu aussi dequoy
dauantage les contenter: l'ay tasché à le faire, non pas sans
beaucoup de peine & de sueur, par l'entreprise d'vn ouurage où plusieurs se sont lassez, & le peu de matiere, &
l'horreur du sujet ayant arresté leur plume, m'ont fait
prendre la mienne à dessein de rendre supportable aux
yeux, & aux cœurs des moins cruels de la Nature, ce que
la Nature mesme abhorre, & ce qu'on n'auroit iamais
peu croire s'il n'estoit arriué dans la race de Tantale.

On m'a voulu persuader que cet effort auroit fauora-
blement reüssi: Mais quand ie considere mes forces,
& le grand personnage qu'il m'a fallu soustenir, soit dans
la disposition de l'Histoire, dans les pensees, ou dans les
raisonnemens, vne frayeur me saisit; ie rends les armes
premier que de combatre; & si l'on tient pour fabuleux ce
qu'Homere asseure de ces Dieux qui combatoient pour

ã iij

les hommes, ie n'ay pas dequoy souftenir leur opinion, &
ma vanité ne m'aueugle pas iufques au poinct de les
croire.

Quoy qu'il en foit, (Lecteur) & quelque iugemét que
tu en faffes, apprens que la difpofition du fuiet eft abfolu-
mét mienne, & que i'ay efleué fur le fondemét de l'hiftoire
& de l'antiquité vn ouurage à la moderne. Les enrichiffe-
mens que i'ay rencontrez parmy leurs materiaux en font
l'embelliffement; & bi en que ie me foisrendu plus pro-
digue qu'eux à m'eftendre, pour contéter les efprits de ce
fiecle; ie n'ay pas toutesfois voulu fortir de leurs eftroites
regles qui me femblét fi iudicieufes, & fi parfaites, que fans
elles, (quoy qu'au iugement de plufieurs, il s'en rencontre
tous les iours) i'ay de la peine à croire qu'aucun Poëme
puiffe eftre agreable. Regarde donc fi i'auray peché
contre mon deffein; monftre moy charitablement mes
deffauts, alors tu recognoiftras par mes actions, de grace,
& de combien ie te feray obligé, & combien me fera
douce cette correction. Ie laiffe dans leurs foibleffes, &
leurs bigearreries ceux qui s'eftiment parfaicts, leurs cer-
ueaux ont befoin d'hellebore, & tels efprits font plus di-
gnes de blafme que de loüange: quand on prefume moins
de foy, on merite dauantage, & par la feule humilité nous
nous efleuons au trofne de la gloire.

Parle donc hardiment, ie fuis exempt de cett'erreur, &
de ce crime, & pour t'en affeurer, ie fçay que ie fuis hom-
me.

Extraict du Priuilege du Roy.

PAr grace & priuilege du Roy, il est permis à Pierre Guillemot Marchand Libraire à Paris, d'imprimer, ou faire imprimer vn liure intitulé, *Le Thyeste, Tragedie*, composé par le Sieur de *Monleon* : Et deffences sont faites à tous Libraires & Imprimeurs d'imprimer, ou faire imprimer, vendre ny distribuer aucuns desdits Liures, sans sa permission, ou de ceux qui auront droict de luy, & ce pendát le temps & espace de huict ans, à compter du iour que ledit Liure sera paracheué d'imprimer pour la premiere fois, à peine aux contreuenans, de trois mil liures d'amende, confiscation des exemplaires qui se trouueront contrefaits, & de tous despens, dommages & interests, ainsi qu'il est contenu plus au long ausdites Lettres de Priuilege. Donné à Paris le sixiesme d'Aoust mil six cens trente-huict. Par le Roy en son Conseil, Signé CONRART.

Acheué d'imprimer le 9. Aoust 1638.

Quelques fautes reconnuës depuis l'Errata.

Page 81. il y a changer, il faut charger. Page 88. Scene 2. Criton sans voir Atreé s'est estonné, il faut mettre est.

ACTEVRS.

ATREE.

THYESTE.

Freres.

MEROPE.

Reyne, femme d'Atree,

THEANDRE.

{ Deux Princes fortis de l'incefte

LYSIS.

{ de Thiefte auec Merope.

MELINTHE.

Confidente de Merope.

CRITON.

Confident d'Atree.

LYCOSTENE.

Confident de Thyefte.

THEOMBRE.

Conducteur des Princes.

ORONTE.

Deux PAGES.

LE THYESTE.

LE THYESTE
TRAGEDIE.

ACTE I.
SCENE PREMIERE.

ATREE seul.

QVON estouffe à mes yeux ces objets de
    ma rage :
Ie veus manquer de foy plustôt que de
    courage.
Vn demon de colere enflâme tous mes sens.
Auec les criminels perdons les innocens,
Et faisons quelque chose en ce dessein funeste
Qui soit digne d'Atree & digne de Thyeste.

A

L'enfer tremble d'effroy ; le ciel d'estonnement ;
I'en ay moy-mesme horreur d'y penser seulement.
I'ay treuué, i'ay treuué pour plaire à ma vengeance,
Déquoy iustifier Tantale & son offence :
Son acte estoit clement ; le mien est inhumain :
I'ay treuué des repas pour soulager sa faim :
Mais dès repas cruels, & dont son cœur perfide
Aura de la frayeur voyant mon homicide :
Toutes les cruautez qu'il jetta dans mon sein
Sont les moindres rigueurs qui soient en mon dessein.
I'adiouste à sa fureur vne plus violente,
Mon pere la suiuit, & mon frere l'augmente ;
Son crime d'vn inceste a surmonté le leur :
Il eust plus de furie ; & i'ay plus de mal-heur.
Et souffrant plus qu'eus tous de honte & de disgrace,
Ie ne suis point vengé si ie ne les surpasse.

SCENE SECONDE.

ATREE. CRITON confident d'Atree.

CRITON.

QVel trouble furieux agite vn si grand Roy ?
ATREE.

Tu le sçauras, Criton, approche, approche-toy
Fidele confident de toutes mes pensees ;

I'ay treuué des tourmens pour les fautes passees,
Qui vengeront l'inceste, & le tort qu'on m'a fait,
Thyeste de sa main punira son forfait.

CRITON.

Craignez qu'vn bruit fascheux volant par la prouince,
Ne trouble le respect que l'on doit à son Prince.

ATREE.

Les Rois enfans des Dieux peuuent tout icy bas :
Leurs plaisirs sont des Loys, & l'on n'oseroit pas
Parler de leurs desseins, ny condamner leurs crimes,
Toutes leurs actions passent pour legitimes.

CRITON.

A suiure absolument ce qu'ils ont projetté
Ils forcent bien les corps, mais non la volonté,
Autant que sa fureur fait vn Roy redoutable,
Autant sa courtoisie à tous le rend aimable.
Ses noires actions font naistre son mespris,
Et sa seule douceur luy gaigne les esprits.

ATREE.

Il doit bon-gré, mal-gré, prendre ce qu'on luy nie.

CRITON.

Vn regne est mal fondé dessus la tirannie,
Et ce grand bastiment tombe bien-tost à bas,
Quand l'honneur & la foy ne le soustiennent pas.

ATREE.

Qu'ils sortent d'auec moy, qu'vn Royaume perisse,

Pourueu qu'on oste point Thyeste à ma iustice,
La rage à dans mon cœur allumé ce dessein,
Ie veux l'executer.

CRITON.

Dieux qu'il est inhumain
Contre vn frere.

ATRIE E.

A-il craint d'attenter à ma vie
De voller la toison, & portant son enuie
Au delà des transpors d'vn appetit brutal
De commettre vn inceste en mon lict nuptial.
Il faut, il faut, Criton, auoir plus d'asseurance,
Et moins de pieté pour venger ceste offence.

CRITON.

Grand Roy ie suis à vous, disposez de mon bras,

ATRIEE.

Le perdrons-nous d'vn coup? non, il ne le faut pas,
Songeons à des tourmens.

CRITON.

La mort est plus certaine.

ATRIEE.

Tu me parles Criton, de la fin de sa peine,
Ie la veus commencer, & qu'vn estrange sort
Apres mille langueurs le conduise à la mort.

CRITON.

Auriez-vous iusques-là le cœur impitoyable?

ATREE.

A quel pris que ce soit ie le rends miserable,
Ma colere l'ordonne à mes ressentimens

CRITON.

Mais à quoy pensez-vous?

ATREE.

A des contentemens
Que déja mon esprit deuore en son attente,
Mon cœur en sa fureur treue qui le contente,
Il peut tout entreprendre, & tout crime est permis
Pour punir dignement celuy qui l'a commis.

CRITON.

Voulez-vous par le fer en tirer la vengeance?

ATREE.

Ce supplice est trop dous pour punir son offence.

CRITON.

Le feu suffira-il?

ATREE.

Il est trop criminel,
Il en faut vn plus lent, & qui soit plus cruel.

CRITON.

Où le trouuerez-vous

ATREE.

Dans le mesme Thyeste.

CRITON.

Quel est donc ce tourment si grand & si funeste?

Il resue
quelque
temps.

A iij

ATRÉE.

Celuy qu'vn seul Atree a pû s'imaginer,
Et que tous les demons ne sçauroient deuiner.
Mais d'où viét que mes yeux sont couuerts d'vn nua-
Vn trouble furieus transporte mon courage: ge:
La terre sous mes pas tremble d'estonnement;
Le Ciel tonne par tout, & de chaque élement
Quelque funeste objet à mes yeux se presente;
Mon despit se renflame, & ma fureur s'augmente.
Les Dieux mesme sçachant ce projet furieux,
De crainte de le voir ont detorné les yeux.
Ie le veus, il me plaist, puis qu'il est si terrible.

CRITON.

A vous oüir parler il faut qu'il soit horrible?

ATRÉE.

Ie ne sçay toutefois, il me remplit d'effroy,
Et ie pense en ceci qu'il est digne de moy.
Accomplissons-le donc, & dedans cét ouurage
Fesons voir des effets d'vn genereux courage.
Que Thyeste te venge, & ses crimes passés
Qu'il soit son seul bourreau; mais ce n'est pas assez,
Et c'est trop laschement en tirer la vengeance:
Que le sang innocent purge vn sang plein d'vffence,
Qu'il treuue en ses enfens vn delicat morceau;
Que son sein criminel leur serue de tombeau.

Que la mere eſtoufant ce qu'elle a mis au monde,
Monſtre que ma fureur n'a rien qui la ſeconde.

CRITON.

Vous en voulez beaucoup: mais comment l'atrapper?

ATREE.

Par les meſmes moyens dont il nous veut tromper:
Ce traiſtre plein de fourbe en ces lieus s'achemine,
Et pretend de treuuer ſa gloire en ma ruine:
L'eſclat de ma grandeur esblouït ces eſpris,
Et par ces faus appas nous l'auons comme pris.

CRITON.

Thyeſte contre vous à trop de deffiance.

ATREE.

Vn perfide eſt touſiours de legere croyance.
Outre que dés long temps Merope entre mes mains
Procure ſon retour ſans ſçauoir mes deſſeins:
Mille bons traitemens dont ie flatte ſon ame,
Le deſir de le voir, & l'amour qui l'emflâme,
L'eſpoir que ie luy donne auec mille ſermens,
De vouloir mettre fin à leurs faſcheus tormens;
Meſme de me priuer (puis que le Ciel l'ordonne)
Pour les fauoriſer, d'elle & de ma coronne,
Sont les charmes trompeurs dont i'amorce ſes ſens,
Elle appelle Thyeſte, & ſes efforts puiſſans
Ont tellement reduit cette ame criminelle,
Qu'elle vient ſans contrainte ou ſon malheur l'appelle.

CRITON.

Peut-estre que la Reyne abuse vostre esprit.

ATREE.

Reconnoy cette Lettre, & voy dans cét escrit
Ce qu'il nous a promis.

LETTRE DE THYESTE
A ATREE.

PVIS que vostre bonté m'est vn lieu de refuge,
    Monarque aussi clement que ie suis criminel,
Et que ma partie, & mon Iuge
Veulent qu'entre leurs bras ie treuue mon Autel.

    Ie quitte ces deserts, & ces prisons sauuages,
Où mon crime & mon sort me tenoient arresté,
Afin de rendre mes hommages,
Et d'embrasser les pieds de vostre Majesté.

    Mais si deus innocens par vne grace extreme,
Qui m'ont fait treuuer dous tant d'estrages malheurs,
Et que i'aime plus que moy-mesme,
Vous pouuoient tesmoigner quelles sont mes douleurs.

    Vous dire mes regrets, & vous seruant d'ostage,
Trouuer aupres de vous leur pardon comme moy,

Mon

Mon ame qui suit ce dous gage,
Par eus vous monstreroit vostre gloire & ma foy.

Ioignez cette faueur, à la faueur premiere
Que ie reçois de vous ne la meritant pas :
Et m'accordant cette priere,
Ils me precederont, & ie suiuray leurs pas.

THYESTE.

CRITON.

Ie plains son infortune.

ATREE.

Ie la veus faire esgalle, & la rendre commune.
La mere & les enfans sentiront auiourd'huy
Que Thyeste les rend coupables comme luy.
Mais c'est trop differer vne si douce attente :
Commençons ce beau coup, & que leur confidente
Que ie tiens dés long temps à ma deuotion
Nous ouure le chemin de leur punition.

CRITON.

La fera-on mourir ?

ATREE.

Il faut que son courage
Contente mon desir, & commence l'ouurage.

CRITON.

Elle les aime trop.

B

ATREE.

Elle s'aime bien mieus,
Et n'irritera pas mon esprit furieus;
Va la voir seulement, & soudain me l'ameine.

SCENE III

ATREE seul.

Toutesfois ce dessein me donne de la peine :
Quelque fascheus dæmon qui pousse ma fureur:
La pitié me fait voir ce crime plein d'horreur,
Et mon honneur s'oppose à l'acte impitoyable.
Il se faut seulement venger sur le coulpable :
Car quel crime ont commis ces petits innocens,
Et pourquoy s'animer contre des impuissans.
Ils sont siens toutesfois, & c'est de son inceste
Et de ses attentats le seul bien qui luy reste.
Et quand il seroit mort, si dedans son trespas
Ils ne le suiuent point, Thyeste ne meurt pas.
Toujours dans leur objet on verra sa figure,
Et son sang dans leur cœur aura mis sa nature.
Ces crimes ne sont pas des crimes personels,
Thyeste comme luy les a fait criminels.
Qu'ils meurent, s'en est fait, & que ce sacrifice

Luy faſſe deteſter ſon crime & ſon ſupplice.
Ame trop peu cruelle, où te retires-tu,
Reprens tes premiers feus, anime ta vertu,
Fais genereuſement auecques plus d'audace,
Ce que feroit vn dieu s'il eſtoit à ta place;
Eſtablis deſormais ta vie & ton repos:
Mais que ces deus amis arriuent à propos.

SCENE IV.

ATREE. CRITON. MELINTHE.   Confidē-te de Me-rope.

ATREE.

APres tant de bien-faits ſi tu mes infidelle,
Eſt-il pour te punir de mort aſſez cruelle,
Et ſi dans le beſoin tu me manques de foy,
Melinthe, qu'attens-tu de la fureur du Roy.

MELINTHE.

Tous les maus où me peut condamner ſa iuſtice,
Et tout ce qu'à l'enfer d'horreur & de ſupplice.

ATREE.

Ce courage me plaiſt en ce commencement:
Mais garde de changer à mon commandement.

MELINTHE.

Grand Prince, ſi ma vie aſſeure la couronne,

Vous me l'auez donnée ; et ie vous la redonne ;
Melinthe treuuera son supplice fort dous,
Et ne peut mieus mourir, que de mourir pour vous.

ATREE.

Conserue-toy Melinthe, et conserue ma vie,
Termine les malheurs dont elle est poursuiuie,
Et par vn rare effect de ta fidelité
Establis ta fortune et ma felicité.
Apres les longs trauaus d'vne si dure absence,
La Reyne que le sort a mise en ma puissance,
Soit que le Ciel l'ait fait par vn secret destin,
Ou qu'il l'ait resolu son supplice et sa fin,
Dans vne coupe d'or glorieuse et contente,
Auale le poison que ma main luy presente,
S'asseure en mes discours, et son ambition
Par vn espoir flatteur trompe sa passion.

MELINTHE.

Ses pleurs et ses soûpirs ont de vostre colere
Estaint tous les flambeaus.

ATREE.

Ah croyance legere !
Crois-tu qu'apres auoir d'vn projet monstrueus
Fait d'vn throsne Royal vn lict incestueus ?
Enleué de ces lieus le tresor de mon pere,
Ie la tienne en mes mains sans punir l'adultere.
Non, non, tous ces appas dont ie me suis seruy,

Ceſt afin que ce bien ne me fuſt pas rauy,
Que le temps me fournit des moyens fauorables
De me mieus ſatisfaire en perdant les coulpables.
Ie les tiens, ie les tiens, ils ſont ſous mon pouuoir,
Vengeances, cruauteZ, faites voſtre deuoir.
Eſcoute-moy Melinthe, & commençons l'ouurage :
Mais tu trembles, chétiue, & tu pers le courage.

MELINTHE

I'apprehende, Grand Roy, ce funeſte deſſein.

ATREE.

Mon cœur pour t'aſſeurer paſſera dans ton ſein :
Tu ſçais bien que pour toy mon amour eſt extreme,
Qu'il m'a déja rendu plus à toy qu'à moy-meſme,
Et c'eſt icy, Melinthe, où ton affection
Doit ſeconder les vœus de mon intention,
Et par les beaux effets que tu feras paroiſtre,
Ta haine ou ton Amour ſe fera reconnoiſtre :
L'vn te donne mon lict, & l'autre le tombeau,
Choüeſis celuy des deus qui te ſemble plus beau.

MELINTHE.

La mort pour vous ſeruir me ſeroit glorieuſe,
Mais ô vous qui porteZ vne ame genereuſe,
DompteZ ces paſſions qui domptent voſtre cœur,
Faites les actions d'vn Prince & d'vn vainqueur.

ATREE.

Melinthe, c'eſt en vain que ton diſcours me flatte,

Ie suis dedans vn point qu'il faut que tout esclatte,
Vn mal si furieus ne veut point d'appareil,
I'ay besoin de la main, & non pas de conseil.

MELINTHE.

Que peut pour vous, grād Prince, vne main imbecille.

ATREE.

Elle peut commencer vn ouurage facile,
Resous-toy seulement à complaire à mes veus.

Il luy par-
le à l'o-
reille.

Escoute.

MELINTHE.

O iustes Dieus!

ATREE.

Il le faut, ie le veus?

MELINTHE.

Que cette cruauté me semble detestable.

ATREE.

Ie voudrois qu'elle fust encor plus effroyable,
Elle me plairoit plus, & mon cœur en effet
Se treuueroit vengé : mais non pas satisfait.

MELINTHE.

Grand Roy?

ATREE.

Tous vos discours m'importunent, Melinthe,
Que ie n'entende plus de raison ny de plainte :
Vous contestez en vain, il est deliberé :
Vous le ferez, Melinthe, ou de force ou de gré,

Ie veus qu'à mes defirs voftre ame s'abandonne,
Et choüéfiffez des deus, la mort ou la coronne.
Merope, fes enfans, Thyefte, & leurs defirs,
Trauerferont toufiours ma vie, & vos plaifirs,
De leur perte auiourd'huy defpend voftre victoire,
Et vous feule debuez en meriter la gloire.
Doncques refoluez-vous à perdre ouuertement
Ce qui perd voftre gloire & mon contentement.

SCENE V.

MELINTHE feule.

Dieus quel commademēt, quel barbare courage!
Pour efteindre le feu de fon ardente rage,
Doibs-ie foüiller mes mains d'vn horrible trefpas,
Perdre des innocens, non ie ne le dois pas?
Et de quelque grandeur dont on flatte mon ame,
Ie ne fçaurois tremper dedans ce crime infame,
Il eft trop odieus. Toutesfois que dis-tu,
En quelle extremité te porte ta vertu:
Tu les veus guarantir de ce mal-heur extreme,
Et tu ne le fçaurois fans te perdre toy-mefme:
Tu crains que fa fureur ne les faffe mourir,
Et crains de te fauuer en les faifant perir.

En cét estàt fascheus où tout m'est si contraire,
Honneur, ambition, crainte, que dois-je faire,
Ma perte, ou vostre mort doit contenter le Roy,
I'ay du zele pour vous, mais de l'amour pour moy.
Il est vray que l'horreur de ce coup m'espouuente:
Mais aussi mon trespas à mes yeus se presente
Horrible, espouuentable, & tel que mes espris
De crainte & de frayeur entierement surpris
Pour esuiter l'abord de ce monstre effroyable,
Consentent aus effets d'vn acte abominable,
Mourez Princes, mourez; vn interest plus fort
Pour conseruer ma vie ordonne vostre mort.
Mais i'apperçoy, Crito, qui vient pour nous surprédre
Contre vn si noir dessein feignons de nous deffendre:
Et que forcee en fin, mais auec de l'effroy,
On entreprend ce coup pour contenter le Roy.

SCENE VI.

MELINTHE, CRITON.

MELINTHE.

Il porte
des fruits
empoi-
sonnez.

LE voilà pres de nous.

CRITON.

En fin belle Melinthe,
Vostre esprit genereus aura chassé la crainte

Qui

Qui iettoit dans vos sens cette vaine terreur :
Ces fruis vous feront-ils encore de l'horreur ?
C'est par eus que ce doibt establir vostre gloire
Et par eus vous vaincrés.

MELINTHE.

Dangereuse victoire ?

CRITON.

Le Sceptre vous attend.

MELINTHE.

Et par le mesme sort
Que ie l'auray fait mien, ie merite la mort.

CRITON.

Vous vous perdez, Melinthe, & refusant Atree,
La mort que vous craignez vous est fort asseuree.

MELINTHE.

Refusant à ce Roy de suiure ces transpors,
Ie change seulement en vne mille morts.

CRITON.

Ces fruis empoisonnés pouuant d'vn coup esteindre
Merope, & ses enfans, qu'aués-vous plus à craindre.

MELINTHE.

Outre le desplaisir d'vn remors eternel,
Vn supplice qui suit par tout le criminel.

CRITON.

Dans le trosne d'vn Roy vous estes asseuree.

C

MELINTHE.

C'est là que ma douleur sera demesuree,
Où personne n'osant m'attaquer en effet;
I'ay l'infortune à craindre, & ce que i'auray fait.

CRITON.

Vne vaine terreur se glisse dans vostre ame.

MELINTHE.

Dittes plustost l'horreur d'vn homicide infame.

CRITON.

On doit suiure en tous points la volonté des Roys,
Ce qui leur plaist est iuste.

MELINTHE.

Ineuitables loys.

CRITON.

Faites donc vne fois ce qu'elles vous commandent.

MELINTHE.

Grand Roy, pardonnés-moy si mes sens apprehendét
A porter cette mort, elle a de la terreur,
Et mon esprit craintif redoutte sa fureur;
Donne-moy ce present.

CRITON.

Courage magnanime,
Immolés, immolés cette douce victime
Qui nous doibt apporter la victoire & la pais.
Mais en impatience il est dans le Palais,
Qui veut sçauoir de vous sans aucune remise,

Si vous accepterez cette belle entreprise.

MELINTHE.

Ie m'en vay le treuuer.

CRITON.

Vous ferez sagement;
Ce Prince n'attend plus que ce contentement:
Accordés sans contrainte à son ame agitée,
Ce qu'elle veut de vous pour estre contentée.

SCENE VII.

CRITON seul.

SI la gloire des Roys à quelque dous appas,
Leur vie a des rigueurs que l'on ne connoist pas:
Leur grandeur est vn roc que la nature mine,
Leur sceptre est de rose au, leur coronne est d'espine:
Leurs cœurs sont trauersés d'incroyables ennuis,
S'ils ont quelques beaus iours, ils souffrent mille nuis:
Les soubçons, les terreurs, les vengeances, les rages,
Sans cesse font en eus de furieus orages:
Heureus de qui l'esprit vit sans ambition:
Il est Roy veritable, & sa condition
Hors de tous les mal-heurs d'vne vie importune,
Surpasse des grands Roys la gloire & la fortune.

C ij

SCENE VIII

CRITON. LYCOSTENE, confident de Thyeste.

LYCOSTENE.

Qve i'arriue à propos en ces lieus desirés
Criton.

CRITON.

Cher Lycostene.

LYCOSTENE.

En fin presque expirés
Dans vn exil fascheus, sous le fais des miseres,
Nous sommes de retour au sejour de nos peres.
Fassent les dieus puissans que nos maus terminés,
Nous viuions desormais vn peu plus fortunés.

CRITON.

Fassent les dieus puissans, fidelle Lycostene,
Qu'vn eternel repos succede à vostre peine
Et qu'après les erreurs d'vn long banissement
Vous treuuiez en ces lieus vn plus dous élement.

LYCOSTENE.

Les dieus qui l'ont promis pour terminer nos peines,
Conduiront dedans peu Thyeste dans Mycenes;
Et ie viens de sa part en aduertir le Roy.

CRITON.

Il est trop genereus pour manquer à sa foy.

LYCOSTENE.

Deus Princes, mais deus dieus qui suiuet mon message
En plaigeant ma parole, & luy seruapt d'ostage,
Tesmoigneront au Roy quels sont ses desplaisirs.

CRITON.

Iustes Dieux, comme tout succede à nos desirs !
Mais sont-ils esloignez ?

LYCOSTENE.

Theombre les amene,
Et ie les ay laissez au milieu de la plaine.

CRITON.

Et Thyeste les suit.

LYCOSTENE.

Il attend mon retour.

CRITON.

Ah fortuné succez ! incomparable tour,
Allons treuuer mon Prince, on ne peut dauantage
Sans crime luy celer vn si plaisant message.

Fin du premier Acte.

ACTE II.
SCENE PREMIRE.

CRITON. LYCOSTENE.

CRITON.

MY pardōnez-moy si i'ay trop demeuré.
LYCOSTENE.
Vn bien n'est pas perdu pour estre differé.
CRITON.
Rauy par les transpors de son amour extreme,
Ce Prince en m'escoutant presque hors de soy-mesme,
M'engagea mille fois dans le mesme propos,
Et ie l'eus dans ces yeus l'espoir de son repos.

LYCOSTENE.
Doncq il est satisfait.
CRITON.
Autant qu'on le peut estre :

Et l'excés du plaisir qu'il me faisoit paroiftre
S'imaginant d'auoir ces enfans en depoft,
      Ma tenu fi long-temps.

LYCOSTENE,

      On reuient affez toft
Quand on reuient porteur d'vne bonne nouuelle.

CRITON.

Connoiffés doncq l'excés d'vne Amour fraternelle,
Iugés de fes plaifirs par fon rauiffement,
Et fçachez que l'objet de fon contentement
Confifte à careffer vn frere qu'il adore.

LYCOSTENE.

      Vous la-il affeuré.

CRITON.

Luy-mefme veut-encore
Vous le dire de bouche.

LYCOSTENE

      Incroyable bonté,
Qui peut affez loüer ta generofité,
Et dire la valeur de ce cœur qui t'anime.
O des Roys le plus dous & le plus magnanime!

CRITON.

Defia pour receuoir le Prince à fon retour,
Il enuoye au deuant, il fait parer la cour,
Et vous l'auriez icy fans ce foing qui le preffe:
Mais le voila qui fort, voyez fon allegreffe.

SCENE II.

ATREE. CRITON. LYCOSTENE.

ATREE.

Bons Dieux, que ton message augmente mes plai-
Que i'ay d'impatience, & que i'ay de desirs (sirs,
De me recompenser de cette longue absence.
Va donc le retreuuer, & dy luy qu'il s'aduance
S'il desire aduancer les dous contentemens
Que ie puis receuoir dans ses embrassemens.
Dy luy que mon amour mille fois l'en conuie,
Que i'estime cest heur le plus dous de ma vie,
Et qu'il ne craigne rien, sinon qu'entre ses bras
Vn excés de plaisir me donne le trespas.

LYCOSTENE.

Monarque genereus, dont la valeur extreme
Paroist incomparable à se vaincre soy-mesme.
Que cette pieté va meriter d'autels,
Et que vous estes dous enuers des criminels.
Il est vray qu'vn regret joinct à leur penitence
Merite aucunement cette iuste clemence.

ATREE.

Ie sçay bien que l'exil, la faim & les trauaus,

En ce

En ce cœur ont esté les moindres de ses maux,
Qu'ils n'ont iamais touché cét esprit magnanime,
Et qu'il n'a que souffert par l'horreur de son crime.

LYCOSTENE

Ses regrets & ses maus vous l'ont peu faire voir.

CRITON

Ne diffère doncq plus, acheue ton deuoir.
Soulage ses ennuis, & mon impatience
Redonne à mes plaisirs son aimable presence.

LYCOSTENE

Comme vn mesme destin semble vous approcher,
Atrée est aujourd'huy ce qu'il a de plus cher.

CRITON

Et Thyeste aujourd'huy tout ce que ie desire.

LYCOSTENE

Vous le verrés bien-tost.

SCENE III.

ATREE, CRITON.

ATREE.

IL est temps qu'il expire,
Son crime dure trop, & son ambition
Doit rencontrer sa fin dans sa punition.

D

Mais toy de qui le cœur plein d'vne ardeur fidelle,
Dans les occasions m'à tesmoigné ton Zele.
Amy le plus parfait & le plus genereus,
Qui suis & ma fortuné & mon sort malheureus :
Voy-tu pas que le Ciel entreprend ma deffence,
Et qu'en tout ce qu'il peut il aide à ma vengeance.
Thyeste en mes liens vient se precipiter,
Ses enfans que mes yeus ne sçauroient supporter,
Qui portent sur leur front son inceste & ma honte,
De leurs malheurs passés viennent me rendre compte :
Melinthe les attend, i'attends ce desloyal,
Et ce iour à tous deus nous doit estre fatal.

CRITON.

Ie crains.

ATREE.

Quoy, que crains-tu ?

CRITON.

Que Melinthe craintifue
N'empesche qu'auiourd'huy vostre dessein n'arriue.

ATREE.

Son esprit resolu presqu'autant que le mien,
Sçait que de là despend ou son mal ou son bien,
Et l'espoir de mon lit à chatouillé son ame.

CRITON

I'ay crainte toutesfois, Melinthe est vne femme.

ATREE.

Ce sexe audacieus en son ambition,
N'admet point de milieu dedans sa passion.
Quand elle a de l'amour, son amour la transporte,
Et la haine qu'elle a la traitte de la sorte.
Et i'oserois iurer que son cœur & son bras,
Par vn autre respect, ne s'esbranleront pas.

CRITON

I'espere dedans peu d'en voir l'experience.
Mais ne voyez-vous pas la Reyne qui s'auance.

SCENE IV.

ATREE. CRITON. MEROPE. MELINTHE.

ATREE.

C Achons les mouuemens de nos cœurs agitez,
Allons la receuoir, Reyne dont les beautez
Impriment dans les cœurs vne amour incroyable, X
Et de qui la vertu n'est pas moins adorable!
Le Ciel en fin lasse de vos longues douleurs,
Pour banir vos regrets, & finir nos malheurs,
Et ne se monstrer plus à nos veus si contraire,
Vous donnant vn espous, me redonnent vn frere.

MEROPE.

Vous faites son destin, Monarque genereus,
Il peut viure contant, ou viure malheureus,
Ordonnez son retour, commandez sa retraitte.

ATREE.

Que cette obeissance est loüable & parfaite:
Non, ie veus embrasser cét objèt plein d'amour;
Qu'il quitte les deserts, qu'il reviénne à la Cour:
Car ie veus qu'auiourd'huy mon sceptre se partage,
La Nature & l'Amour en font son heritage,
Il doit viure en ces lieus plein de gloire & d'honneur.
Mais qui s'en vient à nous?

CRITON.

Oronte.

ATREE.

Son visage,
De quelque heureux succez nous porte le presage.

SCENE V.

ATREE, MEROPE, MELINTHE, CRITON, ORONTE.

ATREE.

APproche cher Oronte, & le plus promptement,
Fais nous sçauoir l'excés de ton contentement.

ORONTE.

Deux Princes arriuez en toute diligence,
Vous viennent (ô grand Roy) faire la reuerence,
Et desia leur desir les rend impatiens.

ATREE.

De quel âge & quel port ?

ORONTE.

Le plus vieil de sept ans.

ATREE.

Beaus.

ORONTE.

Comme le Soleil, quand on voudroit encore,
Adiouster à ses trais les beautez de l'aurore.

ATREE.

Mere trois fois heureuse, ô Roy trop glorieux,
Allez Criton allez, leur dire qu'en ces lieux,
Ils nous viennent donner leur aymable presence,
Et qu'ils sont attendus auec impatience.

SCENE VI.

ATREE, MEROPE, MELINTHE,
ATREE.

EN fin nous les verrons ces enfans desirez,
Vn excés de malheur nous auoit separez,

Vn excés de bon-heur auiourd'huy nous rassemble,
L'Amour, l'estonnement paroissent tout ensemble,
Et dans vn mesme cœur font voir leurs mouuemens:
La pitié se vient ioindre à mes contentemens:
Et par les dous plaisirs que le Ciel nous enuoye,
Attire des soûpirs & des larmes de ioye.

MEROPE.

Que ces ressentimens & ces traits amoureus
Procedent bien d'vn cœur Royal & genereus;
Que par cette action vostre gloire s'augmente.
Mais ô Roy sans pareil, i'aurois l'ame contente
Si ces deus innocens que l'on fait appeller,
Dont le plus raisonnable à peine sçait parler,
Ne pouuant exprimer ce que Thyeste endure,
Pouuoient dessus leur front en porter la peinture,
Vous verriez son esprit cruellement pressé
Par les cuisans remors dont il est trauersé,
Souffrir mille langueurs, viure en impatience,
Faire vne mer de pleurs, y lauer son offence,
Et reclamer au nom d'vne saincte amitié,
Auecques son pardon vostre extreme pitié.

ATREE.

Ie sçay que ses regrets sont plus grâds qu'on n'estime,
Et que ses desplaisirs ont effacé son crime:
Son cœur m'est trop connu. Mais trefue à ce discours,
Vn plus heureus succés en doit rompre le cours.

Et par mille plaisirs soulager nostre peine :
Parlons de ces enfans que le Ciel nous ramene.

SCENE VII

ATREE. MEROPE, MELINTHE, CRITON.
THÉANDRE. LYSIS, ieunes Princes, enfans de
Thyeste & de Merope. THEOMBRE, conducteur
des enfans. ORONTE.

MEROPE.

NE les voyez-vous pas qui s'en viennēt à vous ?
Embrassez chers enfans, embrassez les genoux
Du plus iuste des Roys, & du plus pitoyable :
C'est luy qui veut changer cét estat miserable,
Où l'exil & le sort vous auoient confinez :
C'est luy de qui l'Amour rend vos jours fortunez,
Et qui pour releuer desormais vostre gloire,
Emporte sur luy-mesme vne belle victoire ;
Et vous promet vn sort digne de vos ayeus :
Demandez-luy pardon de la langue ou des yeus.

ATREE.

Reyne dont la vertu nous paroist sans exemple,
Et plus ie vous entends, & plus ie vous contemple,
Plus ie me sens rauir par vos perfections,

Et plus i'adore en vous ces belles passions.
Mais vous chers heritiers que le Ciel me redonne,
Embrassez, embrassez mon sceptre & ma coronne ;
Donnez mille baisers à ces biens preparez,
Car i'espere par vous qu'ils seront asseurez.

MEROPE.

Ces excez de faueurs qui vous sont ordinaires,
Sont pour des criminels de trop amples salaires.
Parlez, parlez enfans.

THEANDRE ET LYSIS.

Grand Roy, mille pardons !
Thyeste les implore, & nous les demandons.

ATREE.

Cette innocente vois vient à blesser mon ame,
Et ie sens dans le cœur vne excessiue flame,
Dont l'ardeur me consomme? Ah gage precieus !
Que vous rendez Atree auiourd'huy glorieus.

THEOMBRE.

Grand Roy, c'est le depost que Thyeste vous donne
Pour monstrer que iamais contre vostre coronne
Son cœur n'a proietté de sinistres desseins,
Elle ne peut iamais estre mieus qu'en vos mains ;
Vous la possedez seul auec vn iuste tiltre,
Seul vous estes aussi son legitime arbitre :

Le

Le desir seulement de vous crier mercy,
Ameine le coulpable, & le conduit icy.

ATREE

Qu'on ne me parle plus de cette repentance,
En accusant Thyeste, on m'accuse & l'offence,
Atree a seul fally, mon frere est innocent,
Il a suiuy le cours d'vn destin tout puissant,
Et ie n'ay pas connu que ceste violence,
Estoit vn coup du Ciel & de sa preuoyance,
Vous me le faites voir adorables enfans,
C'est par vous que mes iours se rendront triomphans,
Et par vous que mon Sceptre asseurera sa gloire :
Cueillez, cueillez les fruicts d'vne belle victoire,
Venez entre mes bras : mais c'est vous arracher,
D'vn lieu qui vous doit estre & plus doux & plus cher.
Doncques Reyne vueillez conseruer cet hostage,
Caressez ce present & gardez moy ce gage,
Qui de tous mes tresors m'est le plus precieux,
Prenez mille baisers sur sa bouche & ses yeux.

E

SCENE VIII.

MEROPE, THEANDRE, LYSIS, MELINTHE.
THEOMBRE.

MEROPE.

D'Ans l'excés des plaisirs où ie me voy plongée,
La fortune à mon gré si promptement changée,
Et son ame inconstante en tous ses mouuemens,
Me fait apprehender de soudains changemens.
Qu'en dittes-vous, Melinthe?

MELINTHE.

Apres de longs supplices,
Les biens les plus communs nous semblent des delices.
La misere, l'exil, & tant de maus souffers
Vous font trouuer tout dous au respect de vos fers.
Mais si vous regardés quel est cét aduantage,
Vous verrez que le Ciel ne fait que le partage
D'vn sceptre qui deuoit tomber entre deux mains,
Et qu'il veut le repos de deux freres germains.

MEROPE.

Que le Sceptre, Melinthe, est vne chose aimable?

MELINTHE.

Vous le possederez,

MEROPE.

Cét estat desplorable,

Sous lequel auiourd'huy le sort nous a soubmis,
Me deffend desperer.

MELINTHE.

Le Roy vous la promis.

MEROPE.

Il est entre ses mains bien mieux qu'entre les nostres.

MELINTHE.

Il veut vous le donner pour vous & pour les vostres.

MEROPE.

Donc c'est pour vous, enfans, que l'on la preparé,
Par vous nostre malheur auiourd'huy terminé,
A nos longs desplaisirs fait succeder la ioye :
Thyeste à son pardon, & le Ciel nous l'enuoye,
Vous estes dans mes bras doux excès de plaisir,
Il faut que ie vous baise & rebaise à loisir,
Que ma leure se colle à vostre leure humide,
Et que pour satisfaire à mon cœur plus auide,
Vous donnant mon esprit, i'expire doucement,
Et que vous me donniez le vostre esgallement.

Elle les baise.

MELINTHE.

De ces plaisirs perdus elle prend les vsures.

MEROPE.

Vous ne me dittes mot, petites creatures,
Parlez-moy de Thyeste, où l'auez-vous laissé ;
Vous a-il dit adieu, l'auez-vous embrassé.

THEANDRE, ET LYSIS.

Pour vous cent & cent fois.

MEROPE.

Il faut donc à mon aise
Que pour luy mille fois, aujourd'huy ie vous baise;
Mais ils s'en vont à toy?

Lespetits Princes courent à Melinthe qui leur offre des fruits que la Reyne leur partage.

MELINTHE.

Ie les puis recevoir.

MEROPE.

Dieux que ces fruits sōt beaux, chacun les veut avoir,
Donne moy ce present i'en feray le partage,
A qui dois-je des deux en donner davantage,
Aux deux esgallement ayant donné le jour,
Si Theandre à mon cœur, Lysis à mon amour,
Toutefois vn desir plus auant dans mon ame,
L'emporte dans les lieux, où s'envole ma flame.
Que faict mon cher Thyeste, où le laissaftes-vous?

THEOMBRE.

Sur le poinct de partir aussi tost comme nous.

MEROPE.

Songe-il à Merope.

THEOMBRE.

Autant comme à luy-mesme.

MEROPE.

Ah Prince fans pareil ! que ton amour extreme
Merite d'autres vœus que ceux que tu reçois :
Bons Dieus ! pouuois-ie faire vn plus loüable chois :
Mais ie ne puis fouffrir fa trop longue demeure.

THEOMBRE.

Vous l'aurés das ces lieux au plus tard das vne heure.

MEROPE.

O trois & quatre fois fauorable retour !

MELINTHE.

Madame, icy Madame ?

MEROPE.

Ah ! lamentable iour.

Deteftables faueurs.

THEOMRBE.

Courez icy Madame ?

MEROPE.

A quelle fin grands Dieus referuez-vous mon ame,
Quelle eft voftre iuftice, & quels font mes mal-heurs,
Pourquoy ne puis-ie pas partager mes douleurs,
Ah Lyfis ! mais où vais-ie, ah ! rigueur trop cruelle,
Ie cours à toy Lyfis, & Theandre m'appelle,
Ah Theandre ! ah Lyfis ! dous obiets de mes vœus,
Amour en mefme temps m'appelle à tous les deus,
Et mon poune au malheur en ce poinct eft extreme.

Theandre & Lyfis apres auoir mágé des fruits fe laiffent cheoir entre les bras, l'vn de Melinthe, l'autre de Theobre.

E iij

Que ie ne puis choüéſir des deux celuy que i'ayme.

MELINTHE.

Madame, ces tranſpors ne ſont pas de ſaiſon,
Auecque vos enfans vous perdez la raiſon,
Songeons à leur ſalut, leurs pous donne eſperance
De quelque guariſon.

MEROPE.

Ah faſcheuſe apparence !
Eſpoir foible & cruel ?

MELINTHE.

Auec tous ces diſcours,
Nous reſterons icy ſans force & ſans ſecours.

SCENE IX.

MEROPE. MELINTHE. THEOMBRE. GRITON.

CRITON.

Qvels faſcheus accidens troublent ainſi la Reyne ?

MELINTHE.

Emportez ces enfans dans la chambre prochaine,
Vous ſçaurez leur malheur. Madame ſuiuez-les,
De tout cét accident vous verrez le ſuccez

MEROPE.

Helas ! que mes malheurs ſont bien fort manifeſtes !

Que verray-ie de plus dans ces obiects funestes
Que l'effet d'vne haine, & l'horreur du poizon
Que ma perte asseurée, & que ta trahison.
Iustes Dieux qui voyez vne ame si perfide,
Vengez, vengez pour moy ce cruel homicide?

Elle s'en
va.

MELINTHE.

Vous m'accusez à tort : mais le temps ne veut pas
Que ie me iustifie : Allez, suiuez leurs pas ;
Ie cours au Medecin.

SCENE X.

MELINTHE seule.

CEs veritables plaintes.
Donnent à mon esprit de sensibles atteintes :
Et quelque aduantageus que me soit ce forfait,
Ie sens secretement que s'est moy qui l'a fait :
Vn remors dans le cœur va m'obiectant sans cesse,
Que i'ay trahy ma foy, trahissant ma Princesse.
Mais que mon repentir me semble furieus :
Ie les ay veu mourir tous deux deuant mes yeus.
Par leur mort seulement i'ay conserué ma vie :
Par leur mort i'ay repris ma liberté rauie,
Et ces enfans perdus asseurent mon repos.
La volonté d'vn Prince est de tous mes complos
C'est luy qui m'a portee à ce cruel office ;

C'est luy qui doit payer mon fidelle seruice,
La coronne m'attend apres ces beaux desseins,
Ie veus que ces effets se trouuent inhumains,
Que ie passe par tout pour ingrate & perfide,
Et que mon crime soit pire qu'vn parricide,
Vn diadesme peut couurir tous mes deffauts,
On feroit pour regner mille fois plus de maux,
Et ce coup en tout cas n'est que trop legitime,
Puis que ie ne preuiens que Meropé en son crime.

Fin du second Acte.

Acte 3.

ACTE III.

SCENE PREMIERE.

ATRÉE. seul.

PERFIDES sentimens, mouuemens dé-
reglez,
Où voulez-vous porter mes esprits aueu-
glez;
Quelle lasche pitié vient esbranler mon ame,
Quelle foible raison veut estaindre la flame
Qu'vne noire furie allume dans mon sein:
Acheue, acheue, acheue vn si noble dessein,
Porte ta passion au poinct qu'elle desire.
Merope est en tes mains, & l'infame respire;
Elle voit le Soleil auec les mesmes yeus
Dont elle a veu Thyeste & trahy tous nos Dieus:
Elle seule à produit ces infames viperes
Qui deuoient en naissant faire mourir leurs peres.

F

Il eſt temps, il eſt temps qu'Atree & ſes eſpris
Se vangent hautement de ton laſche meſpris:
Qu'ils ſe ſoullent du ſang d'vne ame deſloyale,
Qu'ils reparent l'affront de ſa couche Royalle,
Et qu'en te preuenant dans tes deſirs ſecrets,
Il aſſeure ſa vie, & perde tes projets.
Ta main perdra Lyſis, ta main perdra Theandre,
Vn meſme ſort t'attend, & tu le dois attendre
Sur les bords d'Acheron : ces idoles ſans corps
Languiront ſans paſſer au Royaume des morts;
Erreront ſans treuuer la fin de leur miſere,
Et me demanderont pour victime vne mere :
Puis-ie leur refuſer vn ſi iuſte treſpas !
Non, il eſt reſolu qu'elle ſuiura vos pas,
Et l'effroyable objet d'vn horrible carnage,
Fera perir Thyeſte ou d'Amour ou de Rage;
Son eſprit dans ſes lieus aux voſtres ſe joindra,
Et chacun de vos corps dans le ſien s'eſpandra.
Ainſi remply de vous autant que de ſon crime,
Vous aurez vn tombeau; luy ſon ſort legitime.

SCENE II.

ATRE. CRITON.

CRITON.

DE ses transports tousiours vostre esprit agité,
Medite sa vengeance ; & quelque cruauté.

ATREE.

L'vn & l'autre me plaist, & tous deux, s'il me seble,
Pour mon contentement doiuent se joindre ensemble.
Vengeance, cruauté, violence, transports ;
Perfidie, homicide, & les sanglans efforts
Où nous pousse la Rage alors qu'elle est extreme ;
Meslons le sacrilege auecque le blaspheme ;
Et tout ce que l'enfer ne peut s'imaginer :
Ce qui le fera craindre, & les Dieus estonner,
Ce qu'ils n'ont iamais peu trouuer dans leurs supplices,
Seront pour m'obliger d'agreables delices.
Et si mesme les Dieus consentoient à ce tort,
Contre eux mon bras feroit vn plus sanglant effort ;
Tant ie veux surpasser le crime de mon pere.

CRITON.

Iustes Dieus ! appaisez l'ardeur de sa colere

Sur ce cœur furieus eſtendés voſtre main.
Hé ne vous ſoüilleʒ plus de ce crime inhumain.

ATREE.

C'eſt par là que ie veus obtenir la victoire.
C'eſt par là que ie veus qu'vne eſtrange memoire
Conſerue à nos neueus iuſqu'aus derniers momens
L'horreur de ma vengeance & de mes ſentimens ;
Que le Soleil s'en cache en des cauernes ſombres,
Ie ne veus auec moy que de funeſtes ombres ;
Et ie ſeray contant ſi ie fais en effet
Ce qu'vn frere voudroit contre nous auoir fait.

CRITON.

Eſtrange paſſion.

ATREE.

Neceſſaire & loüable.
A qui veut ſe venger d'vne iniure ſemblable,
Il ne faut point flatter vn tel reſſentiment ;
Et l'on ne doit iamais ſe venger laſchement.

CRITON.

Ordonneʒ, ie ſuis preſt.

ATREE.

I'eſtime ta franchiſe,
Capable ſeulement d'Acheuer l'entrepriſe.
Monſtre toy donc icy fidelle & valeureus,
Ne m'abandonne pas en ce coup genereus ;
Ton courage me plaiſt, ta vertu me contente,

Et i'espere des deus l'effet de mon attente.
Mais que ioyeusement Melinthe vient à nous.

SCENE III.

ATREE CRITON. MELINTHE.

MELINTHE.

Viuez grand Roy, viuez, la victoire est à vous;
Ma main sans redouter ce sanglant sacrifice
A genereusement acheué son office.

ATREE.

Donc ces enfans sont morts.

MELINTHE.

Ouy.

ATREE.

Las que me dis-tu?
Que ie suis redeuable à ta rare vertu;
Ils sont morts? Iustes Dieux! quel coup plus fauorable
Pouuoit me rendre heureux, & Melinthe adorable?
Ils sont morts?

MELINTHE.

Ils sont morts?

ATREE.

Mais dy moy de quels yeus
Elle a peu voir l'effet de son crime odieus.

F iij

MELINTHE.

Des yeux que la douleur n'oyoit dans leurs larmes.

ATREE.

Quels furent ces discours?

MELINTHE.

Tous tels qu'en ces allarmes?
Arrache malgré nous par ses efforts puissans,
La Rage qui maistrise & le cœur & les sens.

ATREE.

C'est tout ce qu'il falloit à cette ame perfide:
Mais elle mesme a fait de sa main l'homicide.

MELINTHE.

Elle mesme.

ATREE.

Et tu peus luy donner ce poison.

MELINTHE.

A propos.

ATREE.

O trois fois heureuse trahison!
Généreuse Melinthe, en ce bien-fait extreme
Mon repos s'establit, & ta gloire est supreme;
Fais nous donc le recit de tout cét accident.

MELINTHE.

Voyant ces deux Soleils dedans leur occident.

ATREE.

Elle s'en vint à toy.

MELINTHE.

Son amour partagée
Fit voir comme à tous deux elle estoit engagee,
Et que le sang faisoit vne commune loy.
Elle alloit vers Theombre, & puis couroit à moy ;
S'arrestoit incertaine ; & son cœur & son ame
Brusloient pour tous les deux d'vne pareille flame.

ATREE

En fin tout succeda selon nostre desir.

MELINTHE.

Sire, vous le sçaurez, tantost plus à loüesir,
Ie fus au Medecin pour me retirer d'elle.
Criton vit le spectable.

ATREE

Ah l'aymable nouuelle !
Amy, satisfaits donc à mon contentement :
Quels furent les transpors d'vn dueil si vehement ?
Dy, quels furent ces pleurs, quelles furent ces plaintes ?

CRITON

Reconnoissant au vray les mortelles attaintes,
Qui forçoient ces esprits de sortir de ces lieux,
Le poison acheuant vos desseins glorieus ;
Et Merope voyant ce qu'elle pouuoit craindre,
S'arrache les cheueus, & commence à se plaindre :
A tous ces mouuemens sa main s'abandonnoit :
De ses tristes sanglots la chambre resonnoit,

Et ses yeus presque estains ; & son pasle visage,
Faisoient voir de sa mort le funeste presage.

ATREE.

Si ce commencement causa tant de douleurs,
Que fit-elle voyant l'objet de ses malheurs.

CRITON.

Trois fois en se pasmant elle voulut les suiure
Mais son cruel destin trois fois là fit reuiure :
Trois fois elle voulut finir par leur trespas.
Trois fois la mort l'approche & ne la touche pas.
En fin & la Douleur, & l'Amour, & la Rage,
Luy rauirent le pous, l'esprit, & le courage,
Elle s'esuanouyt comme le Medecin
Entre dedans la chambre.

ATREE.

Acheue cette fin

CRITON

L'estonne, le surprend, & fait qu'il se propose
De chercher dans ces ces corps & l'effet & la cause.
On les ouure aussi-tost, on treuue le poison
La Reyne se resueille & sort de pasmoison.
Et d'vne voix qui sort à peine de sa bouche,
Elle veut exprimer la douleur qui la touche.
Puis retournant les yeus de larmes tous couuerts,
Ainsi qu'elle apperçoit ces deux corps entr'ouuerts,

Vne

Vne estrange douleur s'emparant de son ame,
Pour la quatriesme fois encor elle se pasme.

ATREE.

Que fistes-vous apres ?

CRITON

Nous emportons son corps,
Et laissons seulement, Oronte auec les mors
Pour faire.

ATREE.

C'est assez à tout cecy, Theombre.

CRITON

Presque tout immobile, & plus pasle qu'vne ombre,
Il a recours à moy, ie flatte son ennuy,
Et dedans cette tour ie m'asseure de luy.

ATREE.

Vertueuse conduite, amy trop veritable,
Mais que vos passions, Melinthe incomparable,
Me donnent de desirs de les recompenser.
Il faut Melinthe, il faut cent fois vous embrasser,
Et puis que vous m'auez tenu vostre promesse,
Satisfaire à la mienne, & vous faire Princesse.
Toutesfois ce bon-heur doit estre differé,
Il faut auoir le Sceptre, & le rendre asseuré.

MELINTHE.

Que vous reste-il plus ?

G

ATREE.

A faire deux conquestes,
Pour nous mettre à l'abry des vens & des tempestes,
A faire ce qui peut vn iour nous contenter
Mais ce que voſtre cœur ne ſçauroit ſupporter.

MELINTHE.

Melinthe cependant ſera-elle inutile.

ATREE.

A tout autre qu'à moy la choſe eſt difficile,

MELINTHE.

Où dois-ie donc aller.

ATREE

Dans des lieux preparez
Aux dous contentemens qui nous ſont aſſeurez;
Où nous deuons iouyr d'vne gloire parfaite.
Le palais du iardin ſera voſtre retraite.

SCENE IV.

ATREE GRITON.

ATREE.

TV vois comme en tous poincts la fortune me rit:
Voila comme il falloit attrapper cét eſprit,
L'amorcer doucement, & par mille artifices

Le prendre & l'obliger à ces sanglans offices :
La seule ambition dont son cœur fut espris,
Pour tous mes sentimens anima ses espris,
Et fist qu'à tous mes vœux son ame s'abandonne.

CRITON.

On pesche bien pour moins que pour vne coronne.

ATREE.

Credule, penses-tu que i'y sois obligé,
Que par cette action mon honneur engagé
Pour la recompenser de son iuste salaire,
Doiue vn si beau present à ce cœur mercenaire.

CRITON.

Vostre honneur vous oblige à tenir vostre foy.

ATREE.

I'en manqué pour vn frere, il en manqua pour moy :
Elle n'en a point eu pour seruir sa Princesse,
Et ie n'en n'auray point pour tenir ma promesse.

CRITON.

Donc son obeïssance a causé son malheur.

ATREE.

Elle seroit sans crime, & ma iuste douleur
Seroit sans fondement contre cette perfide,
Ayant tant seulement trempé dans l'homicide,
Nous viurions engagez sous vne mesme loy,
Ie perirois plustost que luy manquer de foy,
Mon Sceptre entre ses mains seroit son heritage,

G ij

Et ie ferois heureux d'en faire le partage,
Car quoy qu'elle euſt commis en l'empoiſonnement,
Elle l'auroit commis par mon commandement,
Et ie ferois ingrat ſi ſon obeïſſance
N'obtenoit à l'inſtant ſa iuſte recompenſe.
Mais?

CRITON.

Certes ce ſecret me faiſoit eſtonner.

ATREE.

Il faut auparauant ſa vie examiner,
Et deux mots ſur ce poinct nous la feront connoiſtre,
Lors que par mille morts ma main faiſoit paroiſtre
Vn Atree inuincible au milieu des combats,
Thyeſte impunement prenoit tous ſes eſbats,
S'enyuroit de plaiſirs dans le ſein d'vne infame,
S'approprioit mon ſceptre, & contentoit ſon ame:
Mon abſence leur ſert, & leurs cœurs triomphans
S'eſtiment aſſeurez pour auoir deux enfans,
Que Melinthe en ſecret porte chez la nourrice
Pour mieux continuer ſon deteſtable office.

CRITON.

Peut-eſtre le fit-elle à deſſein de cacher
Ce que tous ces efforts ne pouuoient empeſcher.

ATREE.

Surpriſe par l'amour & les dons de Thyeſte,
Elle ſeule porta Merope à cét inceſte.

CRITON
Vous la pouuiez punir la tenant en vos mains.

ATREE

Cette punition rompoit tous mes desseins:
Tu sçais que ma valeur par d'inuincibles charmes
Oblige a la Fortune à seconder mes armes,
Et qu'admirant par tout & mon cœur & mon bras,
La victoire a suiuy l'honneur de mes combats,
Quand proche de gouster d'incroyables delices
Vn funeste demon m'apporte des supplices.
On me dit que Thyeste apprenant mon retour,
Auoit auec Merope abondonné la Cour:
Emporté la Toizon, craignant que ma colere
Ne punist sur tous deux vn infame adultere.
Ie cours pour l'attraper: mais inutilement,
Ie cherche ces enfans: mais vn mesme eslement,
Les auoit guarantis: & seulement Melinthe
Que ie sçauois desia du mesme crime attainte,
Par vn secret destin tombe dans ma prison:
Sur elle ie pouuois punir leur trahison,
Ie pouuois soulager ma rage en quelque sorte:
Mais c'estoit se vanger d'vne personne morte:
Outre que le pardon me donnoit les moyens
De la pouuoir vn iour mettre dans mes liens.
Cinq ans se sont passez depuis que ie luy iure
Que mon esprit a mis en oubly cette iniure,

Et que mon cœur touché d'vne estrange pitié,
Voudroit de leurs malheurs endurer la moitié.
En fin i'ay si bien fait qu'ils sont en ma puissance,
Et qu'il ne reste plus qu'à tirer ma vengeance,

CRITON.

Ie ne puis excuser son infidelité.

ATREE.

Le Ciel luy donnera ce qu'elle a merité,
Et pour la mieux punir, & payer son seruice,
Ie veux pour quelque temps differer son supplice,
Et ie l'ay fait descendre à dessein dans ces lieux.

SCENE V.

ATREE, MEROPE, CRITON.

CRITON.

L A Reyne vient à vous,

MEROPE
ATREE

Monarque glorieux?

A qui tout l'Vniuers doit esleuer des Temples,
Et de qui les vertus n'eurent iamais d'exemples.

ATREE.

Ie ne sçaurois souffrir ce discours odieux,
Dittes le plus honteux qui viue sous les Cieux.

MEROPE.

Aprés tant de lauriers, de palmes & de gloire,

ATREE.

On a troublé l'honneur de toute ma victoire.

MEROPE.

Il est vray, deux enfans dedans vostre maison
Ont ressenty l'effort d'un funeste poison;
Aussi tost arriuez vne main desloyalle
A souillé de ce crime vne maison Royalle.

ATREE.

Ie iure tous les Dieux, que celuy qui la fait
Ne suruiura iamais vne heure à son forfait;
Et quiconque en ses lieux se soit monstré perfide,
Se punira soy-mesme en son propre homicide.

MEROPE.

Ah prudence incroyable! Ah Iustice de Roy!

ATREE.

Dittes, dittes plustost.Ineuitable Loy;
Ce que ie vous promets est fort inuiolable,
Et iuste ou nom il faut qu'on le treuue equitable.

MEROPE.

Vengez vos heritiers.

ATREE.

Ie n'en ay point perdu,
Ce tiltre ny ce nom ne leur estoit pas deu:
Ils sont à vous Merope, & leur pere est Thyeste.

MEROPE.

Ah grand Prince! ah Merope! ah response funeste!
Vous les auez receus au pardon comme nous.

ATREE.

Et ie feray pour eux autant comme pour vous.

MEROPE.

Helas! ils ne sont plus, & leur sort vous demande.

ATREE.

Ce qu'ils auront bien tost.

MEROPE.

Que mon ame apprehende,
Et conçoit à ces mots de crainte & de soupçons.
Iustes Dieus?

ATREE.

Mais à quoy ces estranges façons?
Et pourquoy doubter tant d'vne chose asseurée?
Estes-vous pas Merope? & suis-ie pas Atree?

MEROPE.

Vous l'estes, & mon cœur n'en a iamais doubté,
Ie ne l'ay que trop veu par l'extreme bonté
Dont tant de criminels ont fait l'experience :
Mais ces deux Princes morts vous demandent ven-
geance.

ATREE.

Ie l'ay desia promise, & puissent tous les Dieus

A iamais

A iamais contre moy se monstrer furieux,
Si l'effect dedans peu ne vous rend asseuree,
Que vous estes Merope, & que ie suis Atree.

MEROPE.

Dois-ie auoir de l'espoir,

ATREE.

Il seroit superflus,

Et vostre seul espoir est de n'en auoir plus.

MEROPE.

Las par combien de morts mon ame est deschiree !

ATREE.

Estes-vous pas Merope, & suis-ie pas Atree ?

MEROPE.

Il est vray, ie la suis, mes estranges malheurs
Me le monstrent assez, & mes viues douleurs
De l'autheur de mon mal me rendent asseuree,

ATREE.

Estes-vous pas Merope, & suis-ie pas Atree ?

MEROPE.

Mais vn Tygre ?

ATREE.

Ces noms me sont indifferens,

Mais que ie vienne à bout de ce que i'entreprens :
Que ie venge vn affront.

MEROPE.

Qu'estes-vous deuenuë,

H

& Inuiolable foy?

ATREE.

M'auez vous tenuë
L'inuiolable foy que vous implorez tant :
Vous l'auez violee, & i'en veux faire autant ;
Ma puissance n'est pas moins grande que la vostre ;
Vous auez fait vn crime, & i'en puis faire autre,
Si ie suis criminel de suiure vn mouuement,
Où l'equité me porte & mon ressentiment.

MEROPE.

Il falloit, il falloit pour paroistre equitable,
Sauuer les innocens, & perdre la coulpable :
Ces victimes estoient indignes de vos cous.

ATREE.

I'ay trouué dans leur mort quelque chose de dous.

MEROPE.

Oyez terres ? oyez ce desir tyrannique !
Escoutez les fureurs d'vne ame frenetique.

ATREE.

Pour vn commencement tu t'estonnes beaucoup.

MEROPE.

Detestable assassin.

ATREE.

Toy-mesme as fait le coup,
Melinthe ta seruie en cette felonnie :
Toy-mesme m'as vengé, toy-mesme t'es punie,

Et dans les mefmès lieux où ces enfans font nez,
Dedans les mefmes lieux ils font empoifonnez.
Ta main qui fit ce meurtre, en doit eftre affeurée,
Connoy-toy donc Merope, & reconnois Atrée.

SCENE VI.

MEROPE feule.

IL n'en faut plus doubter, ce tyran furieux
Eft le feul inftrument de ce crime odieux?
Sa rage à commencé ce deffein fi funefte,
Afin de l'acheuer par la mort de Thyefte.
Diuertiffons ce coup, & ne permettons pas
Qu'il triomphe iamais d'vn fi noble trefpas?
Merope, c'eft à toy d'en efuiter l'orage;
C'eft toy qui l'as perdu. Mais ô Dieux, qu'elle rage
S'obftine inceffamment contre des malheureux?
Las! pour te fecourir ie n'ay rien que des vœux;
Tous ces lieux font fermez, ie n'ay point de paffage,
Ie manque de pouuoir, mais non pas de courage;
Infolentes fureurs du fort qui m'eft fatal;
Quoy, me referuez-vous encor à quelque mal?
Mon exil n'a-il point contenté vos caprices?

H ij

Est-il pour me punir de plus cruels supplices,
Apres auoir trahy Thyeste & mon amour,
Estouffé deux enfans que i'auois mis au iour.
Auez-vous, auez-vous quelque chose de pire
Pour me faire souffrir tandis que ie respire.
I'ay veu de mes deux yeux ces objects estendus,
Sans pous, sans mouuement, & ie les ay perdus,
Et ie ne suis pas morte ? Ah mere detestable,
Que ton impieté te rend abominable !
Tu suruis à ce coup plein de rage & d'horreur,
Tu manques de courage en ta iuste fureur:
Apres auoir commis vn si grand parricide,
Contre qui pouuois-tu te monstrer plus perfide.
Ah nature ! ah pitié que faisiez-vous alors ?
Que ne m'assistiez-vous auec tous vos efforts,
Pour ne suruiure pas à l'action cruelle,
Ne me trouuiez-vous pas encores criminelle
Falloit-il adiouster à mon crime odieux,
La mort de mon Thyeste & le mespris des Dieux.
Et premier que ma mort expiast mon offence,
Me faire reconnoistre Atrée & sa vengeance,
M'exposer aux fureurs de ce Tygre inhumain,
Du sang de mes enfans ensanglanter ma main,
Perdre des innocens, destruire mon ouurage,
Ah Dieux ! fut-il iamais vne pareille rage ?
Mais vous à qui ce bras à seruy de bourreau,

Deuois-ie en vous perdant faire vn crime nouueau?
Et falloit-il qu'vn Roy pour se rendre effroyable,
Vous perdist par ma main, & sauuast la coulpable.

SCENE VII.

MEROPE. CRITON. ORONTE.

Oronte
porte vn
plat baf-
sin cou-
uert où il
y a vn poi
gnard &
du poisó
dans vne
coupe.

CRITON.

MAdame, ce grand Roy que vous blasmez à
tort,
Des esprits affligez l'azyle & le support,
Voyant de vos douleurs l'extreme violence,
Vous exhorte par nous à quelque patience.

MEROPE.

Ce grand Roy, dont le cœur & lasche & furieux,
Horreur de la nature & la haine des Dieux,
Non assouuy du sang d'vne tendre ieunesse,
Veut encor esprouuer mon cœur & sa foiblesse:
Fidelles confidens de cêt empoisonneur,
Qui venez à dessein de tenter mon honneur,
Dittes-luy que i'auray dans ce malheur extreme,
La resolution qu'il doit auoir luy-mesme.

CRITON.

Pourueu que ces transpors çedent à la raison,

Il treuuera la sienne en vostre guarison.

MEROPE.

Et c'est cette raison qui doit à cét infame,
Faire voir en mes maus les bourreaux de son ame,

CRITON.

Pour empescher ce coup vous vous deuez guarir.

MEROPE.

Vn moment, vn moment me pourra secourir.
Vn seul coup finira ma vie auec ma peine.

CRITON.

Certes vous commencez d'estre moins inhumaine,
Et pour executer vn si noble desir,
Voicy dequoy Madame, & vous pouuez choüisir.

MEROPE.

Obiects doux & charmans, presens incomparables,
Qui deuez terminer mes maux insupportables.
Fauorable ennemy, Monarque glorieux,
Qui fais pour mon repos autant que tous les Dieux,
Tu sçays qu'apres ces morts ie ne sçaurois plus viure,
Que mon amour m'inuite, & m'oblige à les suiure,
Et que pour mieux punir ma lasche trahison,
Ainsi qu'eux ie deuois finir par le poison.
Il le faut, ie le dois, ça, prenons ce breuuage,
En retardant son coup i'offence mon courage.
Mais soyez les tesmoins comme ie le reçoy,
Voyez auec quel front & quels yeux ie le boy,

Il met le plat bassin que portoit Oronte sur vne table, & luy monstre le poignard & le poison.

Elle prét la couppe pleine de poisó, la boit, &

Et dittes à ce Roy dont ie foulle la haine,
Que Merope mourant, mourrà comme vne Reyne.
Le voila, s'en est fait, il est victorieux,
Et mon esprit content va sortir de ces lieux.
Allez luy rapporter de si douces nouuelles,
Ie vay suiure les pas de ces ombres fidelles.
Enfans ie suis à vous, attendez vn moment,
Thyeste me retarde en ces lieux seulemement.
C'est moy qui t'ay perdu, c'est ta seule Merope,
Qui dedans ses malheurs auiourd'huy t'enuelope.
Ah trop credule amant! i'expie en ce trespas
Tous mes forfaits passez, & ne te sauue pas.
Contre toy leur furie ose tout entreprendre,
On m'oste les moyens de te pouuoir deffendre.
Espere toutesfois mon esprit hors du corps,
Premier que de passer au Royaume des morts.
Où que tu sois, Thyeste, ira ioindre ton ame,
Et te rendre les vœux de sa derniere flame.
Il s'en va, s'en est fait, Ministres genereux,
Monstrez-moy mes enfans, que i'expire sur eux,
Vous ferez à Merope vn agreable office,
Et vous augmenterez l'horreur de son supplice.

la remet
dans le
mesme
lieu.

Fin du troisiesme Acte.

ACTE IV.

SCENE PREMIERE

THIESTE. LYCOSTENE.

THIESTE.

APRES les longs trauaux d'vn exil
rigoureux,
Où mon crime & le fort me rendoient
malheureux :
Ie vous reuoy beaux lieux, où iadis ma ieuneſſe
Fiſt admirer de tous ſa force & ſon adreſſe.
Agreables Palais, ſuperbes baſtimens,
Doux & puiſſans ſujets de mes contentemens,
Où les objets charmans d'vne rare ſtructure,
Semblent auoir laſſez & l'art & la nature.
En fin ma deſtinée apres vn long courroux,
A calmé ſes fureurs, & me conduit à vous :
Tout le peuple d'Argos ſe preſente à ma veuë ;

De

De mille doux plaisirs mon ame entretenuë,
S'imagine en soy-mesme, & pensé de le voir,
Reconnoistre son Prince, & faire son deuoir.
Atrée à bras ouuerts vient embrasser son frere,
Atrée ? Ah que dis-tu, crains plustost sa colere,
Abandonne ces lieux, cherche vn autre element,
Reprens le premier cours de ton banissement,
Visite des forests les cauernes plus sombres,
Et prefere à ce lieu la retraite des ombres,
Afin que ny l'esclat, ny la pourpre des Rois,
Ne vienne à t'esblouyr pour la seconde fois.
Mais d'où vient qu'auiourd'huy mon esprit s'espou-
    uante,
Que mon trouble s'accroist, & ma fureur s'augmente,
Et mal-gré moy m'emporte.

LYCOSTENE.

Estrange mouuement,
Grand Prince, d'où vous vient ce transport vehement ?

THYESTE.

Tu chancelles, mon ame, & ton inquietude
Te iette & te retient dedans l'incertitude,
Ton frere & son Royaume ont troublé ta raison,
Sous des morceaux dorez tu manges du poison,

I

Et tu n'apperçois pas la malice couuerte
De ces deux ennemis qui conspirent ta perte.
Crains-tu, crains-tu des maux autrefois supportez,
Et que ta patience à desia surmontez,
Retire-toy d'icy, ton repos te l'ordonne,
Esuite les malheurs qui suiuent la coronne.

LYCOSTENE.

Ce soudain changement rend mes sens esbahys,
Quel accident vous force à quitter le pays:
Tout le monde vous veut, un frere vous demande,
Son sceptre vous attend.

THIESTE.

C'est ce que i'apprehende.

LYCOSTENE.

Craignez-vous le repos qui vous est presenté.

THIESTE.

Ie crains de trop auoir n'ayant rien merité.

LYCOSTENE.

Craindre sans fondement.

THIESTE.

Il est vray, Lycostene,

Ie souffre sans sçauoir la cause de ma peine,
I'ignore le soupçon qui me va tormentant,
Ie ne vois rien à craindre, & si ie crains pourtant :
De mesme qu'vn nauire approchant du riuage,
Se voit porter ailleurs par les vens & l'orage.
Quand ie voy ce seiour plein d'amour & d'appas,
I'auance, & malgré moy ie porte ailleurs mes pas.

LICOSTENE.

Surmontons les dangers, suiuons nostre fortune,
Et foulons sous les pieds cette crainte importune.
Les pensers d'vn exil troublent vostre bon-heur,
Voyez que ce retour vous prepare d'honneur,
Vous pouuez estre Roy.

THIESTE.
Ie puis mourir encore.

LICOSTENE.

Vn Prince est comme vn Dieu que tout le monde a-
dore.

THIESTE.
Il ne faut qu'vn Soleil pour esclairer les cieux :
Vn seul bras pour vn sceptre.

LICOSTENE.
Ah desseins furieux !

De deux conditions faut-il chöéfir la pire.

THYESTE.

Penfant trouuer fon bien, on trouue fon martyre,
Touſiours dans la grandeur comme deſſus les flots,
Vn orage inconnu trouble noſtre repos.
Ah! qu'il eſt bien plus doux, ſans crainte de perfonne,
De fe nourrir des fruicts, que la nature donne,
De prendre ſes repas en toute ſeureté,
Loin de la perfidie & de la vanité;
Que dedans ces Palais où le luxe & le crime
Regnent impunément, & fónt tout legitime.
I'en ſçay l'experience, & que la trahiſon
Dans vne couppe d'or nous donne du poiſon,
Nous prepare la mort, & par ſes artifices
Nous la fait aualler auec des delices.
Que c'eſt bien achepter vn ſceptre cherement;
Lycoſtene, croy moy, tout le contentement
Eſt de pouuoir regner ſans ſceptre & ſans coronne.

LYCOSTENE.

Pourquoy les refuſer quánd le ciel nous les donne?

THYESTE.

Pourquoy les deſirer?

LYCOSTENE.

Quand un frere le veut,
Luy feriez-vous ce tort,

THIESTE.

Mais quand il ne se peut,

LYCOSTENE.

Par ses plus grands desirs son cœur vous en conjure.

THIESTE.

Ses vœus me sont suspects, & ie crains quelque in-
iure.

LYCOSTENE.

Pourriez-vous bien douter encores de sa foy?
Vous la-il point donnée en qualité de Roy,
Et par tous ses escrits si sainctement iurée:
Est-il pas vostre frere?

THIESTE.

Il est de plus Atrée.

LYCOSTENE.

Il vous aime.

LE THIESTE,

THIESTE.

Ah! sortez d'vne si grande erreur,
Ie sçay quel est Atree, & qu'elle est sa fureur.

LICOSTENE.

Que craignez-vous si fort?

THIESTE.

Tout ce que l'on peut craindre,
Car sa haine est vn feu qu'on ne sçauroit esteindre,
Il hait autant qu'il peut.

LICOSTENE.

Que peut-il contre vous?

THIESTE.

Rien du tout?

LICOSTENE.

Pourquoy donc craindre tant son courroux?

THIESTE.

Ayant entre ses mains le seul bien qui me reste,
Ie crains pour mes enfans, & non pas pour Thyeste.

TRAGEDIE.

LICOSTENE.

Lors que dans des liens le fort nous a ietté,
Il n'est plus temps de craindre vne captiuité,
Il la falloit preuoir.

THIESTE.

Tu dis vray, Lycostene :
Mais l'amour m'aueugla pour complaire à ma Reyne,
Et ce Dieu maintenant fait voir à mes esprits
Des obiects de terreur.

LICOSTENE.

    C'est luy qui vous a pris,
Luy seul vous doit sauuer.

THIESTE.

    Mon mal est sans remede,
Suiuons la volonté du fort qui nous possede :
Contre sa violence en vain ie me deffens,
Nature, amour, pitié, Merope, chers enfans,
Où m'auez-vous traisné, vostre estat miserable
Eut peut-estre pour vous esté moins deplorable.

SCENE II.

THIESTE. LYCOSTENE CRITON.

CRITON.

Criton
voulant
sortir ap-
perçoit
Thyeste.

BOns Dieux, il est icy plustost qu'on ne pensoit,
Advertissons le Roy; mais il nous apperçoit:
Allons sans differer luy rendre nostre hommage,
Prince aussi vertueux que remply de courage,
A qui le sort debvoit vn traitement plus doux:
Il est temps que le Ciel nous approche de vous,
Que nous donnant vn calme apres tant de tempestes,
Il augmente par vous l'honneur de nos conquestes.

THIESTE.

Cavalier genereux, si ma captiuité,
Augmente en quelque poinct vostre felicité:
Atree, à ce qu'il veut, son ame genereuse
De Thyeste auiourd'huy se rend victorieuse:
Apres de longs ennuis & tant de maux soufferts,
Ie seray glorieux de viure dans ses fers:
S'il veut ma liberté, s'il desire ma vie,
Ie viens rendre à ses vœux l'vne & l'autre asseruie,

Et mettre

Et mettre entre ses mains vn tresor pretieux,
Vn bien incomparable, vn frere? Ah iustes Dieux!
Vous luy pouuiez donner tout le monde en partage:
Mais vous ne pouuiez pas l'obliger d'auantage.
Toutesfois,

THIESTE.

Que crains-tu?

CRITON.

Qu'il ne soit estonné
De vous voir en cés lieux sans estre accompagné.

THIESTE.

Ie sçay que sa grandeur a passé l'ordinaire,
Et fait trop d'appareil pour receuoir vn frere.
Mais certes tous ces gens que i'ay veu de mes yeux,
Amy, ne songent pas que ie sois en ces lieux:
Ces trouppes que tu dis cherchent dedans la pleine
Celuy que tu vois seul auecque Lycostene.

CRITON.

Vous auez donc trompé leurs soings & nos desirs,
Et mon Roy se verra frustré de ses plaisirs.

THIESTE.

Ce superbe appareil à mon exil contraire

K

Euſt offencé mes yeux pluſtoſt que de leur plaire,
Inconnu m'eſquiuant par vn autre chemin,
I'ay fuy de leur preſence, & ſuiuy mon deſtin.
Ainſi tu me vois ſeul.

CRITON

Trop heureuſe rencontre,
Que le Ciel à nos vœux fauorable ſe monſtre :
Mais il faut que mon Roy ſçache voſtre retour,
Et qu'appaiſant l'ardeur d'vne exceſſiue amour,
Il ſoulage ſon cœur, & contente ſa veuë,
Ie cours l'en aduertir.

THIESTE

Ah faueur impreueuë !
Ie veux pour le ſurprendre accompagner tes pas.

CRITON

A moins de l'offencer vous ne le deuez pas,
Ayez, grand Prince, encor vn peu de patience.

THIESTE

Soit, ie l'attends icy.

SCENE III.

THIESTE. LICOSTENE.

LICOSTENE.

COmme voſtre preſence
Remplit ces lieux d'amour & de contentement,
Iugez donc de la fin par ce commencement.

THIESTE.

Ainſi ſous la beauté du lys & de la roſe,
Et l'eſpine ſe cache, & le ſerpent repoſe.

LICOSTENE.

Siniſtres ſentimens:

THIESTE.

Que veux-tu, ſans deſſein
Ie nourris le Vaultour qui me ronge le ſein:
Peut-eſtre ie me plonge en vn erreur extreme,
Et ie ſuis ſans raiſon ennemy de moy-meſme,
Puis que dans les faueurs qu'auiourd'huy ie reçoy,

K ij

T'embraſſer mille fois, & mille fois encore.
Te voila de retour, cher frere que i'adore;
Et malgré les efforts d'vn ſort malicieux,
La clemence du ciel te redonne à mes yeux.
Oublions, oublions nos coleres paſſees,
Effaçons ces obiects qui troublent nos penſees,
Eſtouffons ces bourreaux qui nous percent le flanc,
Et que la pitié ſe meſle auec le ſang.

THYESTE.

Voſtre amour ma vaincu, ie ſuis ſans reſiſtance;
Si vous eſtiez moins doux, ie ſerois ſans offence,
En excuſant ma faute vn Dieu ſeroit pour moy,
Et mon ame forcee auroit ſuiuy ſa loy;
Le Ciel a m'aſſiſter ſe rendroit fauorable,
Si voſtre excez d'amour ne me faiſoit coulpable.
Mais puis qu'à mon malheur pour eſtre criminel,
Il ſuffit ſeulement que vous m'auez creu tel,
Il n'eſt point de forfait dont ie ne ſois complice,
I'ay plus que d'vne fois merité le ſupplice,
Et ſans la pieté que vous auez pour nous,
Ie ne meritois pas vn traictement ſi doux.
Ie l'implore, mon frere, & ſi mes iuſtes larmes
Manquent pour l'attirer de puiſſance & de charmes,
Par ces pieds que i'embraſſe, & ce front glorieux,

Perdez le souuenir de mon crime odieux,
Octroyez vn pardon qu'vn frere vous reclame.

ATREE

Comme la passion vient à troubler mon ame,
Vne iuste pitié fait mouuoir tous mes sens,
Ie ne puis plus souffrir ces discours languissans.
Ah mon frere! Ah Thyeste! Ah destin fauorable!
Embrassons, embrassons vn frere tant aimable,
Que par mille baisers & par mille plaisirs,
Et le sang & l'amour contentent leurs desirs;
Gouuernez auec moy toute cette Prouince,
Quittez ces vestemens indignes d'vn grand Prince,
Et faictes que mes yeux ne soient pas offensez,
En voyant quelque obiect de vos malheurs passez.
Vostre exil est finy comme vostre misere,
Vous estes dans Mycene, & ie suis vostre frere;
La coronne auiourd'huy se partage entre nous,
Prenez vn ornement qui soit digne de vous.
Ie le dois, ie le veux, & ma gloire est extreme,
De remettre en commun vn commun diademe:
Le sort nous donne vn Sceptre en nous fauorisant,
Et c'est vne vertu que d'en faire vn present.

THIESTE.

Que le Ciel recompense vn Monarque inuincible:

Mais à tous vos, presens mon cœur est insensible :
Ce front couvert de honte, & plein d'estonnement,
Ne sçauroit plus porter vn si digne ornement :
Cette main fuit le sceptre, & mon cœur solitaire
Parmy tant de grandeurs commence à se desplaire.

ATREE.

Le Royaume est à deux, & vous y succedez.

THIESTE.

Le Royaume est à moy quand vous le possedez.

ATREE.

Dieux, à qui fust iamais cette grace importune !
Et qui la hait :

THYESTE.

Celuy qui connoist la fortune,
Qui sçait son mouuement, & son cours incertain,
Auiourd'huy flatte-elle, elle trahit demain.

ATREE.

Quoy ? me frusterez-vous du bien de mon attente.

THIESTE.

Vostre gloire est parfaite, & mon ame est contente.

ATREE.

ATREE.

Donc vous ne voulez pas vne fois m'obliger,

THIESTE.

Ce faiz est trop pesant, ie ne m'en puis changer.

ATREE.

M'esprises la coronne, & ie quitte la mienne.

THIESTE.

Ie l'accepteray donc : mais quoy que ie la tienne,
Ne penses-pas mon frere, auoir vn autre Roy,
Vous seul commanderez, ie suiuray vostre loy.

ATREE.

A peine mon esprit se contient dans la joye,
Acceptez les presens que le Ciel vous enuoye,
Allons sur les autels d'vn cœur deuotieux,
Pour cét heureux retour rendre grace aux Dieux.
Mais pour plus dignement celebrer cette feste,
Criton, soyez soigneux que le festin s'appreste.

L

SCENE IV.

CRITON, seul.

A Ce commandement, ie frissonne d'horreur,
    Et mon esprit saisi de crainte & de terreur,
Semble de s'effrayer contre son ordinaire.
Ce funeste dessein commence à me desplaire;
Ma trahison s'arreste au milieu de son cours.
Mais quels sont tes pensers, & quels sont tes dis-
   cours,
Quel remors sans raison veut engager ton ame
A se perdre à iamais dans la honte & le blasme:
Tu sers vn Roy qui t'aime, & ta timidité
Veut perdre son repos par vne lascheté.
Sa foy s'est plainement sur la tienne asseuree,
Et tu crains d'asseurer la coronne d'Atree.
Ah Criton!

SCENE V.

CRITON, ORONTE.

ORONTE.

Toufiours trifte, & toufiours foucieux.

CRITON.

Amy, qu'vn bon demon t'a conduit en ces lieux.

ORONTE.

Que voulez-vous de moy?

CRITON.

Qu'acheuant ton office

Tu tiennes preparez la table & le feruice,
Le Prince eft de retour.

ORONTE.

Il eft tout preft.

CRITON.

Adieu.

Ie volle dans le Temple, & te quitte en ce lieu.

ORONTE.

Seroit-il suruenu quelque accident funeste.

CRITON.

Non, mais pour l'esuiter il veut tromper Thyeste,
Tu sçais bien qu'il deuroit estre de ce repas :
Mais c'est ce qu'il ne peut, & ce qu'il ne veut pas,
Soit que ne pouuant point maistriser son courage,
Il se vit obligé de complaire à la rage
Qu'allume dans nos cœurs vn obiect odieux,
Ou qu'estouffant Atree il fust moins furieux :
Soit qu'vn frere estonné de voir son abstinence,
Contre luy iustement n'entrast en deffiance,
Et voyant les transports de son cœur agité,
Il ne vist ruiné ce qu'il a projetté.
Il se resoult.

ORONTE.

A quoy?

CRITON.

A feindre vne foiblesse,
Et monstrant que l'excez de la douleur le presse,
Il se fera conduire en vn lieu de repos.

ORONTE.

Que deuiendra Thyeste?

CRITON.

Apres quelques p. .pos
Et quelques complimens, nous conduirons a table
Ce Prince infortuné.

ORONTE.

Prudence inimitable.　　　　X

Fin du quatriesme Acte.

ACTE V.

SCENE PREMIERE.

ATREE seul auec vn Page.

QVEL bon-heur fut iamais à mon bon-
heur pareil?
Quel Monarque auiourd'huy regarde le
Soleil
Auecque plus de gloire & moins de jalousie,
Ny l'excez du plaisir dont mon ame est saisie;
Ny l'extreme douceur de son rauissement,
N'ont rien à souhaiter dans leur contentement.
Ie suis presque assouuy, cette belle victoire
Establit mon repos, & fait naistre ma gloire:
Thyeste est en mes mains mal-gré tous ses effors,
Merope & ses enfans sont au nombre des morts;
Et ma felicité qui n'a point de seconde,

Me rend le plus heureux & le plus grand du monde.
Mais tu raisonnes mal, ton sort n'est point changé,
Puis que ton cœur n'est pas entierement vengé,
Tu vis infortuné, ta gloire est imparfaite,
Tenant à ce captif ta vengeance secrette ;
Si tu veux triompher monstre luy ses malheurs,
Ta victoire despend de ses seules douleurs.
Voy-tu pas que le iour dans de profonds abysmes,
S'est caché seulement pour mieux cacher vos crimes :
Le Soleil ne luit plus, & cette obscurité
Sollicite ton ame à cette cruauté.
Acheue Atree, acheue vn dessein si funeste,
Employe à te venger la fureur qui te reste,
Le temps te le permet ; & si tu ne peux pas
Deuant des Dieux craintifs exposer ce repas,
Contente-toy qu'vn pere en ces lieux detestables,
Voye en despit du iour ces obiects effroyables,
Retire cét esprit de son aueuglement,
Fais luy, fais luy sentir son crime & son tourment,
Que de ces doux obiects on contente sa veüe,
Et qu'il voye à quel poinct ma vengeance est venuë.

SCENE II.

ATREE. CRITON.

CRITON sans voir Atree s'est estonné de voir vne
profonde nuict, lors que le Soleil deuoit faire
plus de iour.

Qvel nuâge importun nous desrobe le iour,
Le Soleil se retire au milieu de son tour,
Vne profonde nuict couure toute la terre.

ATREE.

Tu vois, Criton, tu vois comme ie fais la guerre;
Le iour s'en est caché, les Dieux en ont horreur,
Et ie n'ay qu'à demy contenté ma fureur.
Voy donc combien sera ma vengeance effroyable,
Lors que i'auray rendu Thyeste miserable.

CRITON.

Les Roys qui n'ont iamais de foibles sentimens
Doiuent aux desplaisirs esgaller les tormens,
Comme à recompenser leur douceur est extreme,
Il faut qu'à nous punir leur rigueur soit de mesme.

ATREE.

ATREE.

Si le courrier du iour n'eust rebroussé ses pas,
Il eust veu ma vengeance en ce noble repas,
Où mon cœur a rendu sa fureur manifeste,
Esgaller pour le moins le crime de Thyeste.
Mais pour ne laisser rien auiourd'huy d'imparfait,

CRITON.

Nous auons de tous poincts à vos vœux satisfait,
Il ne soupçonne rien.

ATREE.

Agreable seruice,
Que ta fidelité ma fait vn bon office,
Mais il ne nous faut point trauailler à demy,
Il faut paracheuer, incomparable amy,
Et dans l'occasion redoubler son courage,
Qu'vne excellente fin coronne nostre ouurage.

CRITON

Que reste-il à faire apres tant de trespas.

ATREE.

Tout ce que ton esprit ne s'imagine pas,
Et qui ne peut tomber que dessous ma pensee,

M

Ou d'vne autre à l'esgal de la mienne offencee,
Qu'as-tu fait seulement.

CRITON.

Ce qu'on m'auoit prescrit.

ATREE.

As-tu subtilement endormy cét esprit.

CRITON.

Que voulez-vous de plus, si son ame est contente,
Et s'il ne vous a point frustré de vostre attente.

ATREE

Que fait-il ce perfide,

CRITON.

Il finit son festin,
Et s'enyure de joye.

ATREE.

Ah fortuné destin !
Que ie te dois de vœux, que ta faueur est grande,
Tu l'as reduit au poinct où mon cœur le demande,
Pres de sentir des maux plus fascheux que la mort,
Tu flattes ses malheurs en luy monstrant le port,

Mais pour la viue ardeur qui presse ma vengeance,
Tant de discours ne sont qu'vne foible allegeance;
Il iouyt trop long-temps de ce contentement,
Il faut le retirer de son aueuglement,
Cét aymable desir sollicite mon ame,
Et mon cœur embrazé d'vne si douce flame,
Condamne à tous momens, les momens que ie perds.
Il est temps, il est temps que tout cét Vniuers,
Qui sçait de mes despits la cause sans exemple,
Dedans mes cruautez auiourd'huy me contemple :
C'est assez se souller d'vn horrible repas,
Il troubleroit ses sens, & ie ne le veux pas :
Car pour punir son crime, & venger mon offence,
I'ay besoin de Thyeste & de sa connoissance.
Amy, voicy dequoy nous rendre triomphans,
Ce breuuage amassé du sang de deux enfans,
Pour me faire raison, dans ce cœur plein de rage,
Sous la couleur du vin treuuera son passage.
Allons donc de ce pas assouuir tous nos vœux,
Ce ne m'est pas assez de le voir malheureux,
Mon despit est plus grand, & plus grad mon ouurage,
Ie veux voir en naissant sa misere & sa rage.
Toutesfois mon dessein se verroit imparfait
Si ie l'interrompois.

Il luy mô-
stre vn va-
se que
portoit
vn Page
où estoit
le sang ra-
massé de
ces deux
enfans.

CRITON.
Il aura bien tost fait.

M ij

ATREE.

Va donc l'entretenir, & dy luy qu'il espere
Dans vn moment d'icy de boire auec son frere:
Que ie me rends à luy : mais cache ce present,
Et verse au lieu de vin ce breuuage plaisant.
Alors que l'inuitant à faire le semblable,
Par ce dernier deuoir nous fermerons la table.

CRITON.

Ie m'en vay le treuuer,

ATREE.

Ie te quitte à dessein.

CRITON seul.

Dieux ! de quelle liqueur veut-il remplir son sein :
Incroyable fureur.

SCENE III

CRITON, THYESTE, LYCOSTENE, ORONTE.

ORITON, continuant.

Mais ce Prince repose,
Il est dessus le lict le front couuert de rose.
Dieux qu'il est bien changé de port & d'ornement,
De celuy qu'il estoit dans son bannissement.

THIESTE.

Destins, que tes coups sont secrets,
Qu'ils trompent nostre preuoyance,
Et qu'en vain nostre resistance
S'obstine contre tes decrets.
Tu peux tout dans le Ciel, tu peux tout sur la terre,
Et si tu veux la paix, ou si tu veux la guerre,
Il faut à ce vouloir conformer tous nos vœux.
Mourons s'il faut mourir, & viuons s'il faut viure,
Tu ne changes iamais, & tout ce que tu veux
Vne necessité nous oblige à le suiure.

Demon plaisant & rigoureux,
Qui jadis causa mon martyre,

Thyeste est dessus vn lict de salle le frôt couuert de rose, côme s'il sortoit de table apres trois ou quatre vers.

M iij

Et qui maintenant me retire
De l'abyſme des malheureux.
Auec mille appas & mille nouueaux charmes,
Ta douceur t'ariſſant mes ſoupirs & mes larmes,
D'honneur & de plaiſir rend mes ſens enchantez,
Et pour chaſſer mes maux n'offre qu'à ma memoire
L'excez de ma grandeur, ou celuy de ma gloire,
Ou les plus doux obiects de mes felicitez.

Ces lieux de plaiſir & d'amour
Où ce Dieu fait voir ſa merueille,
Ont vne grace ſans pareille
A me parler de mon retour.
Tout rit à mes ſouhaits, tout flate mon courage,
Dans vne mer d'oubly mes maux ont fait naufrage,
Et mes vœux auiourd'huy n'ont rien à ſouhaiter.
Atree entre tous deux partage la coronne,
Ie ſuis Roy comme luy, ſa puiſſance l'ordonne,
Et ie ne puis plus haut où pretendre ou monter.

Mais de quelque contentement
Dont le deſtin flatte mon ame,
Vn bourreau contre-elle s'enflame,
Et l'attaque ſecrettement.
Elle ſe reſſouuient de ſa faute paſſee,
Et touſiours mon exil reuient en ma penſee,

Mes yeux sans y songer laissent couler des pleurs ;
Et lors que le plaisir attire ma parole,
Vn soûpir sans dessein auec elle s'enuolle,
Et ie croy qu'il m'annonce encores des malheurs.

Et bien, suiuons ces loix qu'on ne sçauroit enfraindre,
Tu t'auises trop tard, il n'est plus temps de craindre.

SCENE IV.

THYESTE. LYCOSTENE. ORONTE
CRITON tout riant.

THIESTE.

A P.proche cher Criton, & pour m'obliger mieux
Parle auec ta bouche ainsi qu'auec tes yeux ;
Si ie ne me deçoy ie lis en ton visage
Les marques & les trais de quelque heureux presage :
Le Roy repose-il ?

CRITON.

Mais vient-il en ces lieux
Verser auecque vous ce que l'on doit aux Dieux ;
Boire le dernier coup.

THIESTE.

Ah faueur incroyable !
La Reyne le fuit-elle.

CRITON.

Elle eſt encore à table.

THIESTE.

La-on faite aduertir que i'eſtois à la Cour.

CRITON.

Le Roy pour la ſurprendre à teu voſtre retour.

THIESTE.

La verrons-nous bien toſt.

CRITON.

Il veut que Lycoſtene
Pour augmenter ſa joye, en augmentant ſa peine,
Luy diſe qu'on ne peut vous voir encore icy :
Si vous le permettez.

THYESTE.

Et ie le veus auſſi,
Allez donc promptement faire ce qu'on deſire.

Voyez

Voyez ces doux objects pour qui mon cœur soûpire,
Dites leur que le sort est deuenu plus doux,
Qu'il trauaille pour eux : mais le Roy vient à nous.

SCENE V

THYESTE. ATREE. CRITON. ORONTE,
& deux Pages.

ATREE.

PVis que dans les faueurs que le Ciel nous enuoye,
Auiourd'huy tout nous parle & d'amour & de
 joye,
Que tout porte nos cœurs à ces ressentimens,
Cher frere, par l'excez de nos contentemens,
Et par les doux plaisirs où le sort nous appelle,
Rendons de ce beau iour la memoire eternelle,
Finissons nos malheurs, & goustons desormais
Les aymables douceurs d'vne immortelle paix.

THIESTE.

Ma gloire est sans seconde, & vostre grace extreme :
Mais pour faire auiourd'huy que tout en soit de mes-
Et rendre nos plaisirs de nos maux triomphans, (me
Que la Reyne mandée ameine ses enfans.

N

ATRÉE.

Noble ressentiment, affection d'vn pere,
Vous voulez vos enfans, vous les aurez mon frere,
Iamais ils ne seront de vos bras arrachez,
Ces objets à vos yeux ne seront point cachez,
Et baisant à louézir leur aymable visage,
Vous vous en soullerez : mais tandis que ce Page,
Ira leur tesmoigner quel est vostre dessain :
Noyons tous nos soucis, prenons la couppe en main,
Renouuellons l'amour que le Ciel renouuelle.

Criton offre à Thyeste vne couppe où il a versé ce sang, & Oronte vne à Atrée où il y a du vin.

THIESTE.

Acceptons le present d'vne amour fraternelle,
Et versons dans ces lieux qui seruiront d'autels,
Les honneurs que l'on doit aux manes paternels.
Mais d'où vient que ma main en ce beau sacrifice,
Refuse à mes desirs, vn si diuin office ;
Ce fardeau la surcharge, & croit à tous momens,
Le vin fuit de ma bouche, & les contentemens
S'esloignent de mon cœur ; ce tremblement de terre
M'est l'augure certain de quelque horrible guerre :
Les Astres retirez laissent le firmament.
Ah grand Dieu ! sur ce corps vengez-vous seule-
    ment,
Pardonnez aux enfans, rendez-moy ces doux gages.

ATREE.

Vous aurez dedans peu ces precieux hostages,

THYESTE

Las ! qui dedans mes sens excite tant de flots,
Quel secret desplaisir trouble ainsi mon repos,
Sous le faix des douleurs mon ame est abbatuë,
Et mon cœur est chargé d'vn fardeau qui le tuë :
Ie pleure sans pleurer, & les plaintes que i'oy,
Quoy qu'elles soient dans moy, ne viennêt pas de moy,
Merope, chers enfans, de vostre seule veuë
Despend la guerison du regret qui me tuë,
Mais d'où me parlent-ils ?

ATREE.

Que ne tends-tu les bras ?
Ils sont desia venus ne les connois-tu pas.

THIESTE.

Ie reconnois mon frere, ame noire & perfide,
Terre, peux-tu souffrir ce cruel homicide ?
Que n'ouures-tu ton sein afin de l'engloutir :
L'vn ou l'autre de nous deuoit desia sentir
Dans le fond des enfers & de leurs precipices,
Pires que leurs ayeuls, de plus cruels supplices.

N ij

Si le Ciel pour punir leurs crimes odieux,
Pour eux tant seulement n'a point fait d'autres lieux,
Ta masse incessamment roulant dessus nos testes,
Et du noir Acheron les plus noires tempestes,
Et d'vn fleuue de feu les sablons consommans,
Sont pour nous chastier de trop foibles tormens :
Mais tout à mon malheur insensible demeure,
Ie le vois, & le Ciel ne veut pas que ie meure.

ATREE.

Il tire vn rideau, & fait voir la teste, les bras & les pieds de ces enfans sur vne table dans vn plat bassin.

Mon frere, que ton cœur soit vn peu plus remis ;
Tu veux tes chers enfans, ie te les ay promis :
Reçoy sans differer l'effet de ma promesse.

THYESTE.

Voila les noirs effets d'vne ame vengeresse,
D'vne haine brutale, & d'vn Prince sans foy,
Ie ne demande pas ce qui fait contre toy,
Ou qui puisse empescher ta vengeance execrable,
Mais de ces innocens le reste desplorable :
Non point pour conseruer ce tresor precieux,
Mais afin de le perdre, & le perdre à tes yeux.

ATREE.

Ton ame iniustement contre ma foy deteste,
Tu vois ce que i'en ay ; tu tiens tout ce qui reste,

THIESTE.

Sont-ils point les repas des loups ou des corbeaux,
Ou les reserue-on a des monstres nouueaux.

ATREE,

Pourquoy veux-tu sçauoir ma vengeance & ta rage,
Tu les viens de manger, en veux-tu dauantage,

THYESTE.

Et c'est là le sujet qui force tous les Dieux
De s'esloigner de nous, & de quitter ces lieux,
Et qui changeant le iour en vne nuict obscure,
A confondu les loix de toute la nature,
Fait naistre dans mon cœur vn soudain changement,
Et ietté mes esprits dans l'espouuantement.
Helas ! quelles douleurs monstreront mes attaintes,
Et quels cris suffiront à faire voir mes plaintes ;
Leurs pieds, leurs mains, leurs bras que l'on m'auoit
   cachez,
Et leurs chefs innocens de leurs troncs arrachez,
N'ont peu souller ma faim, ny dedans mes entrailles
Treuuer vn monument propre à leurs funerailles.
Le reste encor viuant m'agite incessamment,
Et mon crime à sortir s'efforce vainement,
Il me ronge le sein, qu'elle estrange aduanture,

Donne vn mesme cousteau, i'en feray l'ouuerture,
Encores criminel & rougy de leur sang,
Il transpercera mieux ce detestable flanc.
Augmente tes forfaits de cét acte loüable,
Et monstre toy clement à m'estre impitoyable :
Tu ris de mes douleurs ; tu ris de mes deffains,
Au refus de ce traistre assistez-moy mes mains.
Mais helas ! pardonnons à ces ombres fidelles ;
Que rien que mon amour n'a faites criminelles,
Et blasmons seulement mon destin rigoureux.
Quel pere fut iamais à ce point malheureux ;
I'ay mangé mes enfans ? horreurs ! forceneries,
Tu te pouuois venger par de moindres furies.

ATREE.

Si ie t'auois puny moins rigoureusement,
Ma vengeance seroit sans son contentement ;
Ie n'ay fait qu'à demy ce que ie voulois faire :
Il falloit, il falloit, pour souller ma colere,
Et pour plaire aux transpors qui me vont assaillant,
T'enyurer de leur sang tout fumeux & bouillant,
Leur liurer à tes yeux mille nouuelles gehennes,
Et les faire passer tous viuans dans tes veines.
Mais tous ces vains propos, & si remplis d'horreur,
Ne font que les tesmoins de ma iuste fureur.
I'ay moy-mesme arraché le cœur à ces infames ;

J'ay moy-mesme allumé les charbons & les flames,
Sur qui i'ay veu rostir les mets qui ton repeu,
Vn pere l'eust mieux fait, mais il ne s'est pas peu,
Et de ce doux plaisir ma vengeance est frustrée.
Il est vray que soullant sa faim demesurée,
Luy-mesme à deschiré ces morceaux delicats,
Mais c'estoit sans douleur ne les connoissant pas.

THIESTE.

Apres ces actions & ces desseins funestes,
Serois-tu pas sans cœur d'en laisser quelques restes?
Soulle-toy de ton crime, & l'acheues sur moy.

ATREE

Non, ton iuste remors me vengera de toy,
Et ton regret qui và iusqu'où i'auois enuie,
D'vn excez de plaisir rend mon ame rauie.
I'estois vaincu, Thyeste estant moins affligé,
Et sans cette douleur ie n'estois pas vengé.
Tes pleurs & tes soûpirs me donnent la victoire,
De ton cœur abbatu ie voy naistre ma gloire,
Et ton affliction apporte à tous momens,
A mes ennuis passez mille soulagemens.
I'estime ma valeur, & croy qu'on me redonne
Plus qu'on n'auoit rauy d'honneur à ma coronne.

THYESTE.

Ah Merope!

ATREE.

Il est vray qu'auec iuste raison
Tu la peux accuser de cette trahison,
Elle les a perdus, mais voy comme la peine
A suiuy le forfait de cette ame inhumaine.

†Il ouure
vn rideau
de l'autre
costé, &
fait voir
Merope
morte.

THIESTE.

Demon noir & sanglant.

ATREE.

Adiouste à ce discours
Le iuste punisseur de tes lasches amours.

THIESTE.

Detestable assassin, qu'auoit fait l'innocence
Pour souffrir les fureurs d'vne telle vengeance,
Des enfans,

ATREE.

Que la mort met hors de mes liens.

THIESTE.

Estoient-ils criminels.

ATREE.

Non: mais ils estoient tiens.

THYESTE

THIESTE.

Mets triste & furieux, estrange nourriture.

ATREE.

Mais l'vnique moyen de venger mon iniure.

THYESTE.

Grands Dieux, vangés pour moy cét horrible repas.

ATREE

Et les Dieux de l'Hymen ne me vengent-ils pas.

THIESTE.

Qui compensa iamais vn crime par vn crime.

ATREE.

Moy, moy; mais ce n'est pas la cause legitime
Du despit furieux qui trouble tes esprits;
Tu voulois prendre Atree, & c'est luy qui t'a pris:
Tu voulois le premier exposer sur sa table
Ce present gratieux, ce mets incomparable;
Et ta douleur n'est pas de l'auoir deuoré,
Mais de voir ce repas sans l'auoir preparé:
Tu t'en est retenu le croyant à Thyeste,
Et tu n'as pas songé qu'il estoit d'vn inceste.

O

THIESTE;

Quel pere fut iamais en l'estat où ie suis?
Toy seul des immortels qui connois mes ennuis,
Et qui vois de mon sort la violence extreme,
Monstre icy les effets de ton pouuoir supreme;
Que tous les elemens soient sans ordre & sans rang;
Fais gresler des cailloux, & fais pleuuoir du sang,
Permets à tous les vens de se faire la guerre,
Cependant que ta main auecque ce tonnerre,
Dont Osse & Pelion malgré tous leurs demons,
Et leurs cruels Tytans aussi grands que leurs mons,
Furent faits les tombeaux de ces corps que la foudre,
Pour punir leur orgueil auoient reduis en poudre,
Puniront le forfait de ce monstre odieux,
Qui rauit le Soleil & le Ciel à nos yeux :
L'vn & l'autre de nous est assez detestable,
Et si tu me veux seul, ie suis le seul coulpable.
Tonne, esclaire, fouldroye; vn corps si malheureux
Ne sçauroit ressentir vn coup trop rigoureux :
Que ton feu me consomme, & me reduise en cendre.
Aussi bien si tu veux que Lysis & Theandre
Reçoiuent les faueurs de ce doux element,
Tu me dois consommer, ie suis leur monument,
Leur sang est dans mon sang ; ils parlent par ma
   bouche ;

Escoute, escoute-les, que leur plainte te touche,
Merope t'en coniure, obiets pleins de pitié,
Merope, Enfans, Amour, partagés par moitié
Ce cœur, ce corps, Thyeste, horreurs insupportables!
Ie cheris des objets qui me sont effroyables.
Merope, Enfans, Amour, quel est mon desespoir,
Ie ne vous puis quitter, & ie ne vous puis voir.

ATREE.

Et bien, ne vois-tu pas l'effet de mes promesses,
Soulle-toy, soulle-les de tes douces carresses.

THYESTE.

Dieux qui voyez l'horreur d'vn crime si nouueau,
Ie vous laisse à punir cét infame bourreau.

ATREE.

Contant d'auoir porté ma vengeance à l'extreme,
Ie laisse à tes enfans à te punir toy-mesme.

FIN.

BIBLIOTHEQUE ROYALE

ERRATA.

LEcteur, ie te laisse des fautes que ie n'ay point recogneuës, & qui sont miennes, tu les corrigeras, s'il te plaist: pour celles de l'Imprimeur, elles sont les moindres, tu suppleéras en lisant quelques syllabes qu'il a obmises, & changeras plusieurs lettres qui sont vne autre prononciation. A la page 6. vers 16. il y a sesons pour fesons, Page 45. vers 1. noyoit dans, il faut dedans. Page 48. il y a deux fois ces, dans la page 93. A la marge, apres trois ou quatre vers, il faut adiouster il se lesues ainsi plusieurs autres de cette qualité, ausquelles on peut suppléer, & qui me semblent de peu d'importance.

www.ingramcontent.com/pod-product-compliance
Lightning Source LLC
Chambersburg PA
CBHW060614100426
42744CB00008B/1404